新媒体·新传播·新运营 系列

和秋叶一起学

社群

营销与运营

第2版

丛书主编／**秋叶**

张志／主编

人 民 邮 电 出 版 社

北 京

图书在版编目（CIP）数据

社群营销与运营 ：慕课版 / 张志主编. -- 2版. --
北京 ：人民邮电出版社，2022.2（2024.1重印）
（新媒体·新传播·新运营系列丛书）
ISBN 978-7-115-57623-1

Ⅰ．①社… Ⅱ．①张… Ⅲ．①社区－市场营销学
Ⅳ．①F713.50

中国版本图书馆CIP数据核字(2021)第205592号

内 容 提 要

　　本书立足于行业应用，以此为主线，介绍了社群营销与运营的方法和技能。全书共8章。
第1章重点介绍了社群的含义和起源、互联网时代的社群发展历程、社群的生命周期管理、社
群的商业价值、运营社群的三大社交理论，以引导读者全面了解社群营销与运营的底层逻辑；
第2章介绍了如何从零开始构建可持续成长的社群；第3章重点介绍了招募与管理社群成员的
方法和技巧；第4章介绍了运营一个活跃社群的方法；第5章介绍了策划社群线下活动所要经
历的5个阶段及对应的执行方案；第6章介绍了如何从无到有、由弱到强地搭建优质运营团队；
第7章介绍了扩大社群规模的前提条件和策略；第8章则介绍了社群商业变现的5种模式。

　　本书可作为高等院校市场营销类、企业管理类、电子商务类等专业的新媒体营销课程的教
学用书，也适合从事企业营销、新媒体营销等工作的人员及对社群营销与运营感兴趣的读者阅
读使用。

◆　主　　编　张　志
　　责任编辑　连震月
　　责任印制　王　郁　焦志炜
◆　人民邮电出版社出版发行　　北京市丰台区成寿寺路11号
　　邮编　100164　　电子邮件　315@ptpress.com.cn
　　网址　https://www.ptpress.com.cn
　　北京市艺辉印刷有限公司印刷
◆　开本：720×960　1/16
　　印张：11.25　　　　　　　2022年2月第2版
　　字数：250千字　　　　　　2024年1月北京第7次印刷

定价：46.00元
读者服务热线：(010)81055256　印装质量热线：(010)81055316
反盗版热线：(010)81055315
广告经营许可证：京东市监广登字20170147号

前　　言

编写背景

随着移动互联网的快速发展，基于互联网的通信方式逐渐普及，原本受地理空间限制的社群关系逐步跨越时空，进入到在虚拟空间产生联系的阶段，这就是社群兴起的根源。社群关系是一种基于互联网的新型人际关系，在此基础上产生的社群经济也成为一种新的商业模式，引起了人们广泛关注。党的二十大报告指出，加快发展数字经济，促进数字经济与实体经济深度融合，打造具有国际竞争力的数字产业集群。社群经济将是发展数字经济的有力支撑。

为了更好地满足新媒体相关专业的学生和相关从业人员的学习需求，编者根据自己的社群运营实践经验，结合社群运营的理论与方法，对《社群营销与运营》一书进行了改版升级，改版后的内容更贴合当下行业需求，希望能够将社群营销与运营领域的知识和技能系统地呈现给读者。

本书用通俗易懂的语言、图文并茂的形式，精准、简洁地讲解了社群营销与运营的相关要点，且在讲解观点和方法时都配有案例，旨在帮助读者更好地理解社群营销与运营的方法，学会独立处理社群营销与运营的相关问题。

本书特色

1．内容实操性强

本书定位于培养应用型人才。编者在社群营销与运营实战中积累了大量的实践经验，使本书在介绍理论的基础上还能兼顾实战性。

2．注重思考与练习

本书精心设计了"思考与练习"模块，旨在引导读者对所学知识进行回顾和总结，真正掌握所学知识，从而在实际工作中学以致用。

3．配套慕课视频

本书提供了配套的慕课视频资源，读者用手机扫描封面二维码即可获取。读者可以通过观看视频深入学习社群营销与运营的实战技巧和方法。

教学建议

本书适合作为高等院校新媒体营销课程的教材。如果选用本书作为教学用书，建议学时为 32～48 学时。

编者情况

　　本书由张志担任主编。由于编者水平有限，书中难免存在疏漏之处，欢迎各位读者批评指正。

编者

2023 年 5 月

目　　录

第1章
社群营销概述

说到社群，很多人首先想到的可能是微信群或 QQ 群。事实也的确如此，社群营销与运营离不开微信和 QQ 这两个平台。但是，社群并不等同于微信群或 QQ 群，社群营销也并非只是借助微信群或 QQ 群销售商品。

1.1　认识社群

社群火了，社群营销、社群经济也一度成为风口，利用社群销售商品的团队也越来越多。一时热闹的社群很多，然而真正坚持到两年以上还能实现良性盈利的社群似乎并不多。究其原因，则是很多人只是在"跟风"做社群，他们对社群并没有清晰的认识。

知其然，更要知其所以然。了解社群的含义和起源，有助于社群运营者理解社群运营的底层逻辑。

1.1.1　社群的含义

要认识社群，就需要理解"社群"二字的字面含义。

甲骨卜辞以"土"为"社"，战国时加"示"成为"社"。"社"的本义是土地神，也指祭祀土地神，后引申为祭祀土地神的日子或地方。周朝"以二十五家为一社"，故而"社"的含义也可引申为一种基层行政单位，后还引申为某种从事共同活动的集体组织——如今所说的"社群"中的"社"字用的就是这一层意思。

群是指聚集在一起的人或物。《诗经·小雅·无羊》："谁谓尔无羊？三百维群。"在此，"群"用来形容羊多。《周易·系辞上》："物以群分。"这里的"群"则泛指同一类事物。由此可见，"社群"中"群"字的含义也是"聚在一起的人"。

因此，"社"和"群"组合起来，从字面上理解，就是"人们聚在一起成为一个从事共同活动的集体组织"。

从这个角度看，仅仅把人们拉到一起，建一个微信群或 QQ 群并不等于构建了一个社群。因为社群要求成员要"从事共同活动"，且该群体是一个"集体组织"，所以社群的构建基础是有一个聚合的"点"——需求点或兴趣点，这样才能把在其他方面或许并不相关的诸多个体聚合在一起——可以聚合在微信群、QQ 群中，也可以聚合在别的平台中。

因为有这个聚合的"点"作为基础，所以这个由人聚合而成的群体就具备 3 个特征：一是有稳定的群体结构和较为一致的群体意识；二是有一致的行为规范和持续的互动关系；三是彼此之间可以分工协作，为实现同一目标而采取一致行动。

不过，这个聚合的"点"是会变化的，因此，个人与个人、个人与群体，以及不同群体之间的关系虽然稳定，但并不是永恒不变的。当聚合的"点"发生变化的时候，社群可能就会出现崩溃和解体的现象。

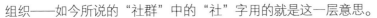

1.1.2 社群的起源

社群虽然是如今正流行的概念，但并不是现代社会才有的概念。从古至今，因聚合的"点"不同，社群也被划分为血缘社群、业缘社群、志缘社群等模式，这也正是现代社群种类繁多的原因。为了更好地理解现代社群的多样性，下面介绍 3 类存在时间较长的社群。

1. 因血缘关系而聚合的血缘社群

人类最初是以血缘关系为基础聚合在一起的，这样形成的社群就属于"血缘社群"，如原始社会的氏族、部落和封建社会的宗族。

氏族是以血缘关系为纽带而自然形成的群体，其成员一般有一个共同的祖先。在氏族内部，人们集体劳动，生产资料共有并平均分配。氏族内成员的地位平等，但他们会选出一位能力卓越、最受大家爱戴的人来当氏族首领，由他来负责管理氏族和处理突发事件。同时，氏族内一些德高望重、富有经验的年长者会被尊为长老，他们协助首领处理公共事务或为其提供建议。

部落是由具有血缘关系的两个以上的氏族或胞族（常由一个原始氏族分裂而成）组成的。部落有较明确的地域、名称、方言、宗教信仰和习俗，有由氏族首领和军事首领组成的部落议事会，部分部落还设最高首领。他们负责处理部落中的公共事务，以及协调部落内部不同氏族或胞族之间的关系。

宗族是由具有血缘关系的同一姓氏的若干家族聚居在一起的群体，主要存在于封建社会中。在某种程度上，宗族可以自行有序地运转，因为其内部有独立的精神信仰、乡规家规、教育、商品的生产与流通、管理架构、安保机构、医疗、金融、公益等体系。

2. 因行业关系而聚合的业缘社群

业缘社群是以行业资源、商业合作为纽带聚集而成的社群。商会可被视为"业缘社群"。

商会是以乡土亲缘为纽带，为整合商业资源而形成的商人群体，如晋商、徽商、粤商、浙商、苏商等。在此以晋商为例来介绍商帮的形成过程。

晋商的历史，可以追溯到周朝的晋唐时期，但其真正崛起则是在明朝。

明朝时，由于晋南一带地少人多，外出经商成为当地人的主要谋生手段。那时，晋中商人已遍及全国各地，京城曾流行过这么一句话："京师大贾数晋人。"后来，随着商业竞争日趋激烈，为了壮大自己的力量，维护自身的利益，晋商开始以地域乡人为纽带组成群体，在各地设立会馆，以便联络同乡感情、维护同乡利益。后来，晋商会馆逐步打破狭隘的地域概念，发展成为行会、公所，进而发展成为商会。晋商们在商会聚会议事、交流商业信息，进行商业合作，晋商商会也由以地缘关系为纽带的群体逐渐转变为以业缘关系为纽带的社群。

3. 因志趣一致而聚合的志缘社群

在古代，还有一种比较有影响力的社群模式：文人聚合而成的"以文会友"的社群——文社，即志缘社群。

文社活动以作文为主，尤其以作八股文为主，文社成立后，文人在此多是研究八股时艺、切磋文章，以谋取功名。由于文社能够帮助成员进行深入的学习交流和人脉连接，文社成员也就更可能因为科举考试成绩出色而入朝为官。如此，文社的名气也随着成员仕途的发展而日益增大。

综上所述，不管是氏族、部落、宗族类的血缘社群，还是商帮类的业缘社群，或者是文社类的志缘社群，虽然人们聚合的"点"不同，但聚合的根本原因是相同的——人有"抱团"需求。

相对于整个世界，不管是自然界，还是商业世界，个人的力量都太过微小，只有"抱团"而居，与他人团结协作，人们才更有可能实现自己的经济愿望、事业抱负等。这是古人归属部落宗族、加入商帮、加入文社的理由，也是现代人加入一个个互联网社群的内在动力。

1.2 互联网时代的社群发展历程

互联网时代社群形成的根源与古代社群是一致的，人们也是以血缘关系、行业关系（职业关系）或者志趣相投等为缘由而聚合在一起的。但它又不同于古代社群。互联网的开放、平等、跨时空互动等特性，让人和人的连接不再受限于地理位置，由此便产生了不同于古代社群的"在线社交"。同时，在线社交凭借跨时空、无限制等特点，吸引了大量人群长时间聚合在互联网上，因而促成了互联网社群的迅猛发展。

▶▶▶ 1.2.1　互联网时代的在线社交：从虚拟社区到 QQ

从交流的内容来看，互联网时代的在线社交可以分为两个阶段：第一个阶段是以信息交流为主的虚拟社区的出现，第二个阶段是以人际关系维护为主的 QQ 的出现。这两个有关联却又差异巨大的互联网产品能反映社群的真正价值。

1. 虚拟社区

互联网最早是作为信息输出型平台存在的，互联网上有各种各样的信息，人们上网查找信息非常方便。但对人们来说，互联网更神奇之处在于，人们可以在互联网上认识世界各地的人，了解世界各地的事，与世界各地的人交流。这才是人们乐于"网上冲浪"的主要原因。

意识到人们存在"交流"的愿望，主流门户网站——雅虎、搜狐、新浪、网易在2000 年左右纷纷在各自的平台上搭建了可以在线交流的论坛，也就是虚拟社区。

虚拟社区也叫在线社区，是以数字方式进行互动的，拥有共同的兴趣、想法或目标的个人的集合。在虚拟社区中，人们更容易找到与自己具有相似兴趣的个人，各种意见、想法、知识都可以在虚拟社区的用户之间自由交换。

有趣的是，人们因为共同热衷讨论的话题而"相聚"在虚拟社区，却不大愿意在虚拟社区公开个人信息，只会通过相约线下聚会或者网上私聊，加深对彼此的了解。这也意味着虚拟社区和网站的用户流失率非常高——用户可以在回答一个问题或分享一个特定的观点之后就离开。因此，可以说在线社交工具的兴起为后来虚拟社区的衰落埋下了种子。

由此可见，虚拟社区是互联网社群的前身，其发展和衰败给了社群运营者这样的启示：做社群，除了要找到准确的、能够聚合人群的需求之外，还要有能够加深人们彼此进行了解的愿望、渠道和方法。

2. QQ

QQ 可以算是和虚拟社区同时出现的互联网产品，但它的定位与虚拟社区不同——QQ 属于即时通信软件。

1999 年 2 月，腾讯推出 OICQ；2001 年，OICQ 改名为 QQ。QQ 支持用户把资料存储在服务器上，这一功能意味着，即使同一账号在不同计算机上登录，好友名单也可以自动下载，并且用户能够接收离线消息。QQ 由于集聊天室、个人对个人、点对点传送文件、保存用户信息、接收离线消息等功能于一身，从一开始便吸引了很多人使用。

QQ 弥补了虚拟社区的不足，便于用户进行深度交流，其功能迭代也一直是基于满足用户在线交流的需求而进行的。QQ 历年迭代的功能体现了人们进行在线交流的长期需求：快速收到回复（窗口抖动）、多人同时沟通（群聊）、希望了解他人的生活信息（QQ 空间）和获得他人的专属评价（好友印象）、可视化沟通（视频聊天）、希望选择好友有门槛（多问题验证）等。

　　虚拟社区解决了兴趣聚合的问题，QQ解决了有效沟通的问题。当时，几乎所有虚拟社区的活跃用户都组建了QQ群，这就是最早的互联网社群。

▶▶▶ 1.2.2　移动互联网时代的在线社交：从手机QQ到微信

　　得益于移动互联网的发展，许多行业得到了一次产业升级的机会。嗅觉敏锐的腾讯在移动端先后布局了手机QQ和微信，这也是如今社群运营的两大主要平台。

1. 手机QQ

　　最早版本的手机QQ出现在2003年。当时，虽然手机大多是功能机，流行的还是诺基亚的塞班系统，但几乎所有的手机都已经内置手机QQ。那时的手机QQ功能较为单一，只能基本满足用户在线聊天的需求，这也是手机QQ作为一个通信工具最基本的功能。

　　尽管网络环境和硬件产品限制了手机QQ功能的延伸，但在随后的几年里，手机QQ还是越来越个性化，实现了QQ这款聊天软件所具备的很多功能：聊天（视频聊天、群聊）、浏览新闻资讯、收发邮件等。

　　触屏手机出现后，手机QQ在视觉设计和功能设计上得到了进一步优化。到2013年，手机QQ在功能上与PC端的QQ产生了差异，已经基本满足用户在手机上使用QQ的需求。此时的手机QQ已经不再只是一种社交聊天工具，还是一个地理位置坐标、一种支付工具、一种展现个性的信息相框，也是一种个性化阅读工具，甚至能代替电话的通信功能。手机QQ"24小时在线"的特性，已经让虚拟世界与现实世界之间的界线日益模糊。

2. 微信

　　就在手机QQ越来越流行的时候，微信上线了。

　　关于微信的出现背景，有一种说法是，尽管手机QQ很受学生的欢迎，但职场人士还是更喜欢使用简约的MSN。腾讯想抓住这些真正有消费能力的用户，但精简手机QQ的功能又不太现实，于是腾讯开发了简约版手机QQ的替代品——微信。

　　2011年，刚刚出现的微信并没有什么特别之处，但它凭借较快的产品迭代速度赢得了众多用户的喜爱。

　　微信迎来第一波用户量增长是因为其2.0版本增加了语音功能。当时微信的竞争对手米聊也有这个功能，因此，此时微信的用户量虽然增长了，但微信依然不算流行，大多数年轻人还是习惯用手机QQ。

　　从2.1版本到3.5版本，微信只做了一件事：让用户不断地添加好友。微信先通过匹配通讯录（2.1版本），让用户添加手机号对应的好友；接着通过QQ离线消息（2.2版本），让用户添加QQ好友；然后通过附近的人（2.5版本）、漂流瓶和摇一摇（3.0版本）等功能，让用户添加自己所能连接到的陌生人。

　　接下来，微信新增了分享二维码名片功能（3.5版本），用户的线下关系链也开始被转移到微信上来——在线下见面时，不用再交换名片，直接扫描二维码添加对方的微信即可。这个版本推出之后，微信的用户量达到了 1 亿。

2012 年 4 月，微信 4.0 版本增加了朋友圈功能。有了朋友圈，微信用户就能看到自己的好友发布的动态，这样，即使是没有共同话题的两个人，也可以成为"点赞之交"，或者就动态找到彼此能聊得来的话题。不仅如此，有了朋友圈，微信用户还能在好友的动态下看到共同好友的点赞或评论。这意味着，如果某位微信用户因为工作关系添加了一个客户的微信，他随后在某个同学的动态下看到了该客户的点赞和评论，由此知道了该客户和自己的同学是朋友，出于"朋友的朋友是朋友"的认知，该微信用户与其客户之间就能很快建立信任。就这样，在这种熟人之间的互动下，微信变成了由熟人关系组成的、可信赖的、密集的网络关系。

2012 年 8 月，公众号上线并细化出了订阅号和服务号，这让微信可以帮有影响力的人吸引用户，帮有需求的商家沉淀用户。

至此，微信聊天（单聊和群聊）、微信公众号、微信朋友圈形成了一个信息传播的闭环，其影响颇大。而微信也因此成为今天构建社群最主流、最有效率的平台之一。

3. 微信触发的"社群"热

2012 年 8 月，微信公众号上线之后，企业就开始关心这个问题：如何在微信平台"卡位"，找到适合自己的定位来做运营？企业虽然还没想清楚，但都担心错过时代红利，于是纷纷开始在微信公众号上布局。

从 2013 年下半年到 2014 年，大部分微信公众号运营者都在思考一个问题：如何让自己的微信公众号的总用户数快速增长？在 2014 年，几乎所有新媒体营销的课程都在谈"如何通过微信公众号有效、精准地找到潜在用户"，以及分享种种快速"涨粉"（即增加微信公众号的总用户数）的手段。

但到了 2015 年，微信公众号运营者发现了一个问题：微信公众号的总用户数越来越多，其打开率却越来越低。

当时一种普遍存在的现象是，有的人订阅了上百个微信公众号，但是无暇打开，这些公众号的状态全部都是小红点；有的人偶尔打开一下，也只是因为"强迫症发作"，要把所有的小红点消除掉，其实根本没有看其中的具体内容。

出现这种现象并不奇怪。手机的配置越来越好，娱乐方式越来越多，精彩的内容也越来越多，而每个人的时间都是有限的，即使没有取消关注微信公众号，他们也渐渐地不那么爱看微信公众号推送的文章了。

这时，有的微信公众号运营者还在使出浑身解数写出好内容以争夺用户的注意力和时间；还有一些微信公众号运营者则开始探索新的营销路径——尝试与用户建立微信公众号之外的连接，他们慢慢尝试把活跃用户导入微信群，希望通过这种方式把活跃用户留下来。就这样，微信群的运营开始慢慢成为新媒体运营的重点。

在活跃用户的微信群中分享自己的文章能增加阅读量吗？

一个微信群只能容纳 500 个人。其中，通过微信扫码只能添加 200 个人，后面的 300 个人要手动添加。而手动添加就意味着微信公众号的用户都是微信公众号运营者个人的微信好友。

这样，用户关注微信公众号就相当于用户与微信公众号运营者形成了第一层关联，用户成为微信公众号运营者个人的微信好友后相当于形成了第二层关联，再被拉到微信群里则形成了第三层关联。有了这3层关联，一篇文章写好后，就可以在微信公众号里展现第一次，在朋友圈展现第二次，在微信群里展现第三次。经过这3次展现，这篇文章的曝光率在理论上可以得到2倍的提升。

如果建群时已经对用户进行了分类，对某一个话题感兴趣的用户已经集中在一起了，那么文章还可以触发群讨论，群内的讨论交流可以再次激发用户进行阅读和分享文章的热情。

2015年下半年，很多微信公众号运营者发现建立微信群的难度不大，也不需要花费太多精力运营，就纷纷组建了微信群。有的微信公众号运营者建立了几百个甚至上千个群，甚至在不同的城市还设立了分群。随后，"社群经济"也成为流行一时的创投风口，虽然的确有一些社群运营者凭借大量社群拿到了投资，但这并不意味着"社群经济"已经成为一种有效的新商业模式。因为在"社群经济"的背后，并不是社群运营者发现了新的创富方式，而是他们手握大量社群，想变现却没有办法，只能以"投资新风口"的方式用一级一级的投资者的钱来变现。

微信群搭建容易维护难，用户很快就发现，很多微信群的运营模式大同小异，没有什么新意；而微信群运营者也发现，自己无暇管理大量的微信群，不得不将微信群解散，一切似乎又回到了原点。

如今，回顾那段时间，我们发现很多微信群虽风靡一时，但最终销声匿迹，其根源在于这些微信群的运营者并没有真正在做微信群——他们对微信群的价值和意义并没有系统化的认识，缺乏战略层面的思考，也就没有很好的战术去运营自己搭建的微信群。

4. 私域流量被重视，社群风潮再起

随着大量社群解散，第一波"社群潮"也渐渐落下。然而，没过多久，第二波"社群潮"就借着"私域流量"这一理念的提出再次涌起。

要说明第二次"社群潮"，需要先解释一下"流量池""公域流量""私域流量"三者的含义和联系。

流量池是指蓄积流量的容器，可以简单地理解为拥有巨大流量的平台，如京东、淘宝、美团、拼多多等购物平台，以及抖音、百度、知乎、喜马拉雅等内容平台，它们都可以被看作流量池。相应地，流量池里的用户就可以被看作公域流量。公域流量属于平台，如果平台上的商家想从平台这个大的公域流量池中找到目标用户，它们要么输出聚焦于某个主题的优质内容，要么投放广告吸引精准用户。如果能成功把吸引来的用户导入自己可以直接和反复触达的微博、微信公众号、微信群中，这些用户就成了商家的私域流量。

在流量池中，只要预算足够，任何商家——不管是个人还是企业，不管是知名的还是无名的，都可以通过直接付费（投放广告）或间接付费（输出内容）持续不断地

获取用户。

也就是说，如果不擅长做内容营销"吸粉"，但想要在流量池中获得曝光的机会，想要让用户看到自己，商家就需要采取"关键词竞价"之类的网络推广手段。若不付费推广，商家的产品和服务在流量池中基本上没有曝光的机会。

近年来，移动互联网用户量增长的红利期基本结束，各个平台都越来越强调让用户在自己的平台内完成一站式消费，避免商家将用户导入其他平台。在这种情况下，商家在不同平台上获取用户的成本越来越高。这时，如果还用"吸一波流量，做一波转化"的模式粗放运营，商家的运营成本和转化成本就会越来越高。

因此，研究新媒体营销的专家开始提出私域流量的运营理念，建议商家将已经获取的公域流量转化为自己的私域流量，通过持续不断地维护老用户，从中挖掘出更大的价值。简单来说，就是把用户从流量池引入商家可以直接覆盖的社群中，从而对用户进行集中、深度和可持续的管理。这种集中管理潜在用户社群和付费用户社群的方式又引发了组建与运营社群的风潮。

1.3 社群的生命周期管理

要运营社群，首先要知道社群是有生命周期的。只有理解了这一点，在面对运营过程中的变化时，社群运营者才不会手足无措，才能冷静地去寻找应对的策略。

▶▶▶ 1.3.1 认识社群的生命周期

社群可以看作一种服务型产品。产品是有生命周期的，社群当然也不例外。

社群的生命周期是用来描述社群产生、发展和最终衰落的过程的。这些阶段并不是彼此独立的，而是连续的。通常情况下，社群的生命周期分为 5 个阶段：萌芽期、成长期、稳定期、衰亡期、沉寂期，如图 1-1 所示。

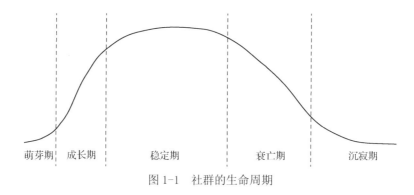

图 1-1　社群的生命周期

社群在生命周期的各个阶段的表现如下。

1. 萌芽期

在萌芽期，社群发起人产生搭建社群的想法，开始思考社群的定位、主题及发展方向，随后联合几位认同其想法的人，以社群核心成员的身份搭建社群。然后多位核心成员通过集合自己的朋友，或者发布消息召集具有相同兴趣或目标的人组成第一批种子成员。有新媒体账号的核心成员还可以通过自己的新媒体账号招募更多对社群主题感兴趣的社群成员。在这个阶段，社群的核心成员扮演了重要的角色，社群在此时所吸引的社群成员之间的关系一般属于强连接，他们彼此之间信任感较强。

2. 成长期

在成长期，社群的主要任务是招募社群成员。社群运营者需要通过各种各样有吸引力的活动来为社群引流和提升社群的知名度。此时社群规模的增速极快，常常有很多社群成员入群。不管是早期的社群成员还是新加入的社群成员，他们都对社群充满了新奇感，在社群里都非常活跃。因此，在这个时期，社群常常被"刷爆"（原本的含义是做某件事情的次数或频率超出正常范围，此处引申为"频繁地在社群中发送信息""霸屏"等含义），线下的系列活动也开展得如火如荼。

3. 稳定期

稳定期是社群各个方面保持相对稳定的时期。在这个时期，社群已经形成稳定的规模和运营模式，新成员数量增速减缓。社群会经常举办线上讨论或线下沙龙等交流分享活动，各类"大咖"定期参加，社群运营稳定。由于社群成员对活动的形式已经有所了解，其参与度较为稳定。新加入的社群成员数量在减少，新成员进群后会很快熟悉规则，积极参与活动。

4. 衰亡期

在衰亡期，社群成员对社群活动的参与度已经明显降低，即使是在线下活动中，参与者的数量也在减少。社群运营者组织活动的积极性明显下降，其对社群的运营渐渐不再那么上心。由此，社群就会进入活动减少、社群成员参与度下降的恶性循环。社群运营者和社群成员都默契地在群里减少发言，偶尔会出来说一两句话，但没有什么人回应，因为很多人已经将社群屏蔽。

5. 沉寂期

在沉寂期，社群运营者对社群已经漠不关心，在社群里长时间保持沉默，社群成员也几乎已经遗忘了这个社群。有的人可能会在清理社交账号的时候看到这个群，然后默默退群。

线下社群往往会受血缘关系、行业联系或地理位置等因素的影响，可以维持较长的生命周期；而大部分互联网社群从萌芽期走到沉寂期所花费的时间，长则6个月，短的甚至只有1周。有长期的商业目的且有专人管理的社群，在运营体系比较完善的情况下，生命周期也不过在两年左右。其中的主要原因是，社群给社群成员带来的新鲜感和红利一般在两年内就会消失殆尽；同时，从商业角度来看，经过两年的时间，社群的商业价值已被挖掘得所剩无几，若继续维护社群，成本会高于回报。一般情况下，如果一个社群已经走到衰亡期或沉寂期，社群运营者会倾向于让它尽快结束，或者将其升级到新的社群运营模式。

那么，社群运营者该如何判断一个社群处于什么阶段呢？其实，社群生命周期的各个阶段都有其特定的话语特征，如表 1-1 所示。

表 1-1　社群生命周期各个阶段的话语特征

阶段	话语特征
萌芽期	不如成立一个群吧
成长期	我们新成立了一个群，专门聊……"人多有料"，快来
稳定期	这个群干货真多
衰亡期	冒个泡，好久没有说话了
沉寂期	群主最近事多，我就先退群了，有事直接私聊我

根据各阶段的话语特征，社群运营者基本上就可以判断出一个社群所处的阶段。

▶▶▶ 1.3.2　延长社群的生命周期

尽管所有的社群都会走向衰亡和沉寂，但是，如果前期运营得当，社群运营者也可以尽可能地延长社群的生命周期，下面介绍 6 种延长社群生命周期的方法。

1. 监测社群成员活跃度，及时发现沉寂的社群成员

社群走向沉寂往往不是突然的群体行为，而是一个又一个社群成员开始"潜水"（指既不退群也不在群里发声的状态）的个人行为所导致的。一个社群之所以会走向沉寂，是因为社群运营者在"沉寂"的苗头刚出现时未留意。社群运营者很容易感觉到群里是否热闹，但很少会去查看哪个社群成员今天没有参与交流及其已经多少天没有参与交流。如果这样的"潜水"人数增加到警戒线，社群运营者才开始挽救，这时可能就来不及了。因此，社群运营者应该定时查看社群活动的参与人数，包括聊天人数和打卡人数。如果发现有人连续多日"潜水"，社群运营者就该给予他特别的关注——主动私聊或在群内主动"@他"，激发他再参与社群活动的热情。

2. 为社群成员创造多维度的价值链接

社群本身可以成为一个小型生态。如果想让一群人自动、自发地在社群中长期活跃，就得让社群成员之间通过社群产生各种精神上或物质上的价值链接。链接的形式要不断推陈出新，保留有意义的形式，不断开发新的、有趣的形式，这样才能给社群成员形成持续的激励，让社群成员由衷地喜欢社群，主动回馈社群。社群因此进入良性循环，社群成员主动为社群奉献自己的能量，社群因为能量的增强又可以帮助更多的社群成员快速成长，每个社群成员都希望社群继续活跃下去，这样就延长了社群的生命周期。

3. 在社群内部设置竞争机制

竞争是一种有效的激励机制。如果环境太过安逸，社群内部和外部的学习就容易停滞。为了避免出现全体社群成员懈怠的现象，社群运营者需要不断地设定有挑战性的目标，鼓励社群成员参与竞争，以打破社群内部的平衡。社群只有不平衡才可以生存下去。因此，在稳定期，社群运营者不能只做社群的控制者，还应该做社群平衡的破坏者。打破平衡，打破边界，从封闭到开放，让社群适度失控，是激发社群活力、让社群得以持续发展的关键。

4. 为社群成员建立线上到线下的联系

一个优秀的社群运营者会致力于为社群成员建立线上到线下的联系，将他们的关系从线上延伸到线下的真实世界里。这样做有以下 3 个方面的好处。

（1）鼓励社群成员经常在线下见面，可以让社群成员产生情感认同，增强社群的生命力。社群成员主动"晒"线下活动的照片也会增强其对社群的归属感，从而形成良性循环。

（2）线上的人一旦在线下有了联系，就会产生一种真实感，这种真实感带来的认同感比虚拟世界的点赞要强烈得多。

（3）在线上建立的熟悉感可以让线下交往不多的人在见面时减轻拘谨感。不善交际的人会感谢社群所营造的线上交流的氛围。

5. 倡导分享和合作的社群文化

越是有生命力的社群，其文化就越倡导分享、合作和奉献。因此，在社群运营的过程中，社群运营者要帮助社群成员展现出协作、慷慨、互助、互利、共赢的一面。例如，在一个在线学习的社群里，在特定的时间，允许大家信任的社群成员在社群中分享一款优质的产品，并为群友提供一个极为优惠的"群友价格"。这样的活动会吸引作为产品供应者的社群成员积极参与，因为在社群里销售产品可以节约推荐和渠道成本；而社群成员因为加入社群得到了从其他渠道不容易获得的福利回馈，也就更加认同社群的价值。

6. 找新目标，挖掘新价值

有的只拥有短期目标的社群，如果目标实现了，该社群的价值就相当于用尽了，其走向沉寂也是必然的。而对于这类社群来说，如果在短期目标即将实现时把目标延伸为长期目标，那么，社群就可能会拥有新的生命周期，产生新的价值。例如，对于考研群来说，在考研期间，社群成员的凝聚力很强，等考研结束，大家各奔东西，维系社群的难度就会变大，这时大部分曾经活跃的社群成员就会变得沉默，社群也会因此变得沉寂。但是，在考研结束时，社群运营者若主动将"考研群"变为"积极成长交流群"，鼓励社群成员持续学习、持续成长，这样，同样的社群、同样的社群成员就会拥有更多的话题。原本的考研群自然也得以"重生"。

总之，社群是一群人聚合而成的群体。社群运营成功的关键不仅仅在于社群目标的实现，而是通过让所有社群成员拥有共同的目标和对社群产生认同感，来激活一个社群的群体能量和群体价值。

》》》1.3.3 社群规模悖论

社群有生命周期，但这并不意味着每一个社群都会顺利地走完生命周期的各个阶段。每一个社群都有自己的成长特点：或快速成长，或缓慢成长；或跨越式成长，或长久停滞不前；甚至可能涅槃重生，也可能提前终结。

在社群运营过程中我们发现，"小而美"的社群有更长的生命周期，社群一旦走向更大的规模，反而容易走向衰亡。这是因为，从个人的角度看，在大社群里，个人的存在感更低，个人所能感受到的社群价值也更低。而一个社群会有怎样的成长特点，主要取决于社群成员感受到的价值。

这个道理不难理解：社群之所以繁荣，是因为它能够给社群成员带来价值。因为对大多数社群来说，社群成员加入、参与和退出都是自愿的。这意味着，对社群成员来说，如果社群是有价值的，他们的参与热情就会强烈一些。否则，他们的参与热情就会减弱甚至消失。如果社群成员的参与热情消失，纷纷选择"潜水"或直接退群，社群很快就会走向沉寂。由此可见，价值是影响社群生命力的关键因素。

那么，社群成员是如何判断社群有没有价值的呢？其实，决定社群价值的并不是社群或社群运营者为社群成员提供了什么，而是社群成员在社群中感知到了什么。社群成员自愿加入一个社群，往往是因为他觉得这个社群能带给他一些价值，这些价值就是社群成员感知价值。

要衡量社群成员感知价值，可以使用下面这个简单的计算公式。

$$社群成员感知价值 = 感知效用 / 感知成本$$

这个计算公式表达的意思是：在感知成本较为稳定（或固定）的条件下，社群成员感知价值与感知效用成正比；在感知效用较为稳定（或固定）的情况下，社群成员感知价值与感知成本成反比。

其中，感知效用是社群成员对"这个社群有什么用？"这个问题的一个主观回答，是社群成员根据自己的需要和偏好，对在社群（如果把社群看成一个服务型产品）中所能获得的利益总和的量化；而感知成本则是社群成员对加入社群后所支出的全部成本的量化，具体表现为付出的货币成本、精力、时间及心理成本等。

需要说明的是，在感知成本中，心理成本包括加入社群后的所有心理感受。这意味着，如果一个社群成员不认可社群的管理方式，不喜欢翻看社群内的聊天记录，也不喜欢参加某些社群活动，那么，他对社群的心理成本将会增加。这样，他对社群的感知成本就会增加，感知价值则会降低，对社群的认可度也会降低。

而一个社群成员对社群的感知效用也并不完全取决于社群为其提供了哪些绝对价值，还取决于这些价值对他来说有多大用处。甚至有时候，这些价值实际上并没有多大的用处，但因为得到了社群运营者和其他社群成员的热心帮助，他对社群的感知效用增加，对社群的感知价值也会提高。

这就为社群的发展带来了一个悖论——社群规模悖论，即社群的规模往往和社群的凝聚力成反比。

如果社群规模很大，社群运营者分配给每一个社群成员的关注时间就是有限的。单个社群成员可能会感觉自己在社群中不受社群运营者的关注了，慢慢失去对社群的认可。这会导致社群的凝聚力减弱。但是，从商业角度看，几乎每一位社群运营者都希望社群规模越来越大，社群数量越来越多。社群规模无限扩大，同时社群成员对社群的黏性越来越强，社群的凝聚力也越来越强，这显然是不容易实现的目标。

▶▶▶ 1.3.4 基于社群不同成长阶段的价值输出模式

为了应对社群规模悖论，社群运营者需要在社群的不同成长阶段策划不同的价值输出方式，以维持社群成员对社群的感知价值，从而延长社群的生命周期。

1. 社群萌芽期和成长期的中心化价值输出

萌芽期和成长期是社群的早期发展阶段。这个阶段基本上属于价值输出的中心化阶段。在这一阶段，社群的价值输出载体主要是社群的关键意见领袖（Key Opinion Leader，KOL）。社群的 KOL 可能在社群成立之前就拥有一定的影响力，在社群成立不久后即可利用"名人效应"向社群输出个人价值、资源或智慧。此时的价值输出模式也就是所谓的"分享"模式。

早期没有 KOL 的社群价值输出的主要载体可能是社群运营者。社群运营者通过对社群成员当前遇到的问题和存在的需求的关注，来确定要输出的内容。

不管是 KOL 还是社群运营者负责价值输出，这时的价值输出模式都是中心化的。即使是产品型社群，早期也多采用中心化的价值输出模式——要么以创始人为中心，要么以产品或品牌为中心。而社群成员在这个阶段只是价值的接收者。这意味着，对社群成员来说，其判断社群是否有用的关键在于 KOL 或社群运营者输出的内容是否是自己所认可和需要的。

2. 社群成长期和稳定期的众智化价值输出

在成长期后期，随着社群规模的快速扩大，作为早期的价值输出载体的社群运营者或 KOL 输出的内容会越来越难让每一个社群成员满意。如果继续以中心化的价值输出模式进行输出价值，社群成员就会很容易感到乏味。为此，有的社群会不断地引进新的 KOL，但这种方式并不适合希望得到长期发展的社群。

有的社群会策划一些讨论会或活动来激发社群成员的智慧，让他们在一定范围内自由地进行价值输出，形成众智化价值输出模式，也就是在社群稳定期，社群成员参与度很高的"群聊"模式。这样，社群成员就会真正体会到社群的"深度链接"优势，从而更加认可社群，更加愿意为社群的发展贡献力量。

3. 社群稳定期后期的价值共创与利益共享

稳定期的众智化价值输出很可能会把社群关注的焦点转移至不同的方向。例如，一个产品型社群可能会因为社群成员自由、频繁地交流而衍生出很多关于兴趣、生活、知识的内容。慢慢地，原本的社群就会衍生出大量的去中心化的新主题社群，或者很多更小的社群单元。而这些新的社群组织就可以形成一个基于母社群的大价值观体系的社群生态。因此，有的社群在衰亡期到来时，就会通过这种裂变方式获得新生。

因为裂变后的社群生态采用的是由母社群统一输出的运营模式，且裂变产生的社群一般由母社群的成员独立负责，所以不管衍生出多少个新社群，它们都拥有共同的价值观，这就建立了合作共赢的信任基础，从而进入彼此合作的价值共创与利益共享阶段。

在以上3个阶段中，社群成员对社群价值的认可点是不一样的，能量越强的社群成员越希望社群进入"价值共创与利益共享"阶段。社群运营者应该意识到，社群运营成功的关键并不在于设计多么新颖、全面的价值输出模式，而在于针对不同能量的社群成员设计不同的价值输出模式，以提升社群成员在社群中的参与度。社群运营者要致力于设计出能够促进社群成长和发展的一系列活动，让社群成员在参与活动的过程中发现能够促进社群成长和发展的知识及社群成长和发展的意义，从而主动承担起促进社群成长和发展的任务。

如果社群能够持续裂变，客观上也就延长了社群的生命周期。

1.4　社群的商业价值

大多数社群运营者运营社群的目的都是促成社群的商业变现。而社群有什么样的商业价值取决于社群能够实现什么样的功能。社群的核心功能是社交，其次是传播，然后才是商业。社交产生信任，信任衍生传播，传播衍生商业。这一逻辑关系意味着，没有社交的社群就没有商业。例如，有的社群成了"丢链接"的地方，社群成员不聊天、讨论，这样的社群就丧失了社交功能。哪怕创建它的初衷就是为了传播内容或实现商业变现，但因为缺乏社交功能，其传播功能和商业功能也就难以得到体现。

基于这个道理，要想说明社群的商业价值，需要先分析社群的社交特征和传播特征。

▶▶▶ 1.4.1　社群的社交特征

社群的社交特征主要表现在3个方面：强聚合力、情感认同及多向交互关系。

1. 强聚合力

移动互联网为人们提供了随时随地交流的平台，让人们的自由聚合变得异常简单。人们在互联网中很容易找到志同道合、志趣相投的伙伴，从而便捷地建立各种基于兴趣图谱的圈子。因为是圈子，所以社群从建立之初就具有清晰的定位和明确的边界。

清晰的定位意味着社群成员有比较明确的兴趣图谱，或情感交流，或信息分享，或娱乐休闲，或商业互利等。明确的边界则意味着社群成员有规范的社群加入机制和身份认知，对社群有明确的认同感和较强的归属感。

因此，一个人一旦建立或加入特定的社群，就等于认同他的社群身份，就会把自己看成社群的一员，具有可以与其他社群成员共享的兴趣图谱、价值观念和情感体验。这样的强聚合力对社群的传播和商业变现具有强大的推动作用。

2. 情感认同

社群成员基于情感交流、信息分享、娱乐休闲聚合在一起，不断地参与交流和互动，是希望得到情感共鸣和价值认同。因此，社群成员在交流过程中获得情感认同，是社群得以持续发展的动力。社群成员为寻求情感上的共鸣和价值上的认同，会主动参与交流和互动；而社群成员在社群内频繁地参与交流和互动，就是在维持社群的活跃度。社群若能经常保持较高的活跃度，则更容易吸引新社群成员加入，而新社群成员的持续加入则会进一步壮大社群的规模。

3. 多向交互关系

社群的社交机制和互动机制不是自上而下、一对多的单向交互，而是社群成员之间的多向交互。由于每个社群成员的经历、经验和知识结构不同，其想法、创意等都能在这种多向交互中得到相互激发，从而为社群创造有形或无形的多元价值。

▶▶▶ 1.4.2　社群的传播特征

社群的传播特征主要表现为裂变式传播和自组织传播。

1. 裂变式传播

一个人往往并不会只存在于一个社群内。因为人在不同的时间、地点和场景具有不同的社交需求，所以同一个人可能会加入了很多的社群，甚至可能随意地在不同的社群间切换。这就使不同的社群之间产生了交叉和关联。

社群与社群之间这种多维度的关联使社群传播很容易实现跨边界的扩散，呈现出滚雪球般的裂变状态。传播过程中一个特定的引爆点就能引发蝴蝶效应，从而让传播效果大幅增强。

2. 自组织传播

自组织是指社群成员之间自发组织和协作的过程，它是社群的重要特征。

移动互联网极大地提高了人们沟通的自由度，增强了沟通的连接性，让不同地域的社群成员在自发组织和协作的过程中，不断地进行交互传播、协作生产和价值创造。

社群自组织传播是社群具有商业价值的核心，也是社群商业价值与粉丝商业价值的本质区别。粉丝商业价值基于粉丝对明星产品的口碑传播和主动消费，其本质是一种单向的消费行为；而基于自组织传播的社群商业价值，则是指社群成员自组织参与生产、传播和消费的整个过程，并利用通过自组织参与和协作创造激发的群体生产力和创造力，直接促成产品、服务和商业模式的创新。

▶▶▶ 1.4.3　基于社交特征和传播特征的社群商业价值

社群的商业价值是基于社群的社交特征和传播特征来实现的。基于这些特征，社群可以被挖掘出广告价值、品牌营销价值、交易价值、新媒体营销价值等商业方面的价值。

1. 社群的广告价值

社群由于聚集了很多有共同需求、共同兴趣的人，在某种程度上可以看作一个可以精准投放广告的媒体。

借助社群这个媒体，企业不仅能够精准地找到很多消费者，将广告内容直接传达给这些消费者；还能实时地与他们互动，实时了解他们的身份、兴趣、情绪、偏好、状态、真实位置等信息；甚至还可以通过位置的连接，使后续的营销本地化、场景化，即时满足这些消费者即兴的消费需求，建立实时的营销通路。

企业也可以利用社群交叉和关联的特性，与某个消费者建立关系，进而去影响这个消费者所在的社群——与一个消费者展开互动，挖掘他的社交关系，找到他所在的其他社群，从而精准地找到更多潜在的消费者。

2. 社群的品牌营销价值

借助社群，企业可以构建全新的营销模式——品牌社群营销。品牌社群营销有助于企业将营销理论中的关系营销、情感营销、体验营销和口碑营销充分融合，重塑品牌、社群、消费者之间的关系。这种营销模式有以下几个独特之处。

（1）与消费者实时互动

社群聚合了大量真实、活跃的消费者，体现了消费者的个性需求、兴趣图谱、消费体验和社会关系。通过社群，企业可以和消费者进行一对一、一对多的实时互动，让品牌成为消费者社群中的一员，在社群互动中增强消费者对品牌的情感体验和价值认同，提高消费者的品牌忠诚度和持续消费力，从而提升品牌价值。

（2）激活消费者对品牌的情感认同

在社群中，社群成员可以作为消费者进行实时的、深入的社交分享。对于还未成为消费者的社群成员来说，来自群友的好评远比传统的广告更能影响自己的消费态度和行为决策。因此，企业可以通过策划并激励社群成员参与社群活动，激发社群成员的积极性和创造力，弱化自身的"管理者"意识，做好"服务者"工作，让社群成员"玩转"品牌社群。

（3）激活消费者的价值共创能力

有了社群，有了消费者的信任聚合、积极参与和情感投入，企业就可以找到品牌成长的最短路径。这意味着，移动互联网时代的品牌营销不再是企业单方面主导的行为，而是企业和消费者在互动过程中的价值共创行为。

3. 社群的交易价值

社群的交易价值，顾名思义，就是借助社群售卖产品或服务。社群电商就是基于社群的交易价值搭建起来的。下面通过介绍4种社群电商模式来说明社群的交易价值。

（1）粉丝买单模式

拥有粉丝的名人可以在他的粉丝社群里直接售卖产品或服务，由粉丝买单。例如，

"罗辑思维"就曾尝试过在粉丝社群里卖书、卖年货。这种模式是一种直接交易模式，其成功的关键在于引入或生产高复购率的优质产品。如果产品或服务的口碑不好，可能会影响社群的口碑。

（2）预售消费模式

当企业生产出或市场上出现某种适用于社群成员的产品后，一些产品社群或兴趣社群就可以通过预售方式来引导社群成员消费。在这些社群里，社群运营者应当是产品所在领域的专业人士。

（3）商业联盟模式

在一些行业社群中会聚合一些掌握着各种产品资源的成员。这些社群成员可以把自己的产品资源放到所在的行业社群中，并通过社群运营者的协助将其整合成新的产品或新的合作项目，然后再通过每位社群成员在其他社群的销售通路，推广并销售产品。

（4）渠道分销模式

社群在某种程度上可以被看作一种分销渠道，社群成员则可以被视为分销商或合伙人。在得到产品信息后，作为分销商的社群成员再各自组建社群推广和销售产品，这是微商常用的模式。

可见，社群可以促成直接或间接的交易。

4．社群的新媒体营销价值

在各类新媒体营销中，社群也发挥着举足轻重的作用。

社群可以承接通过不同的新媒体营销方式吸引的流量，将不同来源的公域流量转化为私域流量，并通过对私域流量的运营，"反哺"新媒体营销。这个过程的作用原理如图1-2所示。

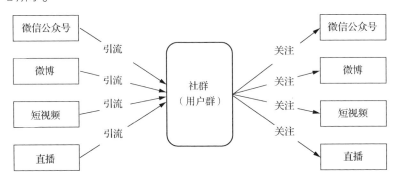

图1-2　社群对新媒体营销的作用原理

在图1-2中，微信公众号、微博、短视频和直播都可以为社群引流，假如每个渠道为社群引流1000人，那么社群中很快就会有4000人。此时，如果再次进行新媒体营销，社群就会"反哺"新媒体营销。例如，在这个4000人的社群内投放一篇微信公众号文章，就可能为微信公众号带来4000人的阅读量和关注量；在这个4000人的社群里发布一个微博活动，就可能为微博账号带来4000人的转发量和评论量；在这个

4000 人的社群里投放一个短视频，就可能为短视频账号带来 4000 人的播放量；如果开办一场直播，将直播链接投放到社群内，也可能为直播间带来 4000 人的观看量。

正是基于这个道理，在微信平台，一些做公众号起家的"大 V"会把公众号、小程序、个人微信号、社群结合在一起灵活运营，从而通过微信营销实现价值变现。

很多公众号"大 V"会用社群做流量池，先通过社群、个人微信号培养用户的活跃性和忠诚性，再通过活跃用户的力量提高公众号的阅读量及小程序的转化率。具体操作方式如下：在文章中直接放上个人微信号，或者通过微信公众号的自定义菜单添加个人微信号，吸引微信公众号用户或文章读者添加微信公众号运营者为微信好友；添加为好友之后，微信公众号运营者再手动将其拉进社群，从而构成私域流量池。采用这种方式建立的社群，基于成员对微信公众号文章的认同，运营维护成本会相对较低，商业价值会非常大。

当社群成员和个人微信号的好友足够多时，微信公众号"大 V"如果需要做营销活动，可以先在微信公众号发布营销软文，然后把营销软文和营销活动海报发到社群里，同时分享到个人微信号的朋友圈中，就能够提升营销软文的打开率和营销信息的曝光率。

目前，很多微信公众号"大 V"都采用了这种"微信公众号＋社群＋个人微信号"的闭环模式，因为这种模式能够保证微信营销各个环节的流畅性，进而持续稳定地优化微信营销的效果。

而在当前火热的直播营销中，社群也发挥着举足轻重的作用。社群对于直播营销的助力主要表现在以下 4 个方面。

（1）社群能将直播间主播的"路人粉"转化为"铁粉"

在直播平台上，进入主播直播间的大多是"路人"，即直播平台的用户。主播只有持续且定期地进行有价值的直播，才可能将偶然进入直播间的"路人"转化为常去直播间的"路人粉"。但这些"路人粉"对主播的信任程度并不高，黏性也不强。他们也许有观看直播的习惯，但并不会"蹲守"主播的直播间。而主播如果能够建立一个"粉丝群"，把这些"路人粉"导入社群，在社群内有策略地与这些"路人粉"互动，那么这些"路人粉"就会在社群氛围的影响下，提升对主播的信任程度和好感度，进而转化为主播的"铁粉"，成为主播进行直播营销的后援力量。

（2）社群能为直播间带来更多的流量

很多直播平台的生存规则都是"强者愈强、弱者愈弱"，它们会倾向于给头部主播更多的曝光机会。在这种规则下，主播的直播间观看人数多，被推荐的次数就会多，从而就能吸引更多的"路人"进入直播间；反之，在开播时，观看人数越少，直播间也就越冷清。基于这个道理，如果在开播前，主播能够引导"粉丝群"内的粉丝进入直播间观看、点赞、评论，主播及其直播间就会获得更多的推荐次数，得到更多的曝光机会，吸引更多的"路人"进入直播间。

（3）社群有助于增加直播间的在线观看人数

很多直播间的主播都是有"粉丝群"的。在每次开播之前，直播间的运营团队会将直播海报、直播间链接发到"粉丝群"里，然后通知粉丝今晚几点直播、直播主题是什么、直播福利是什么，并引导"粉丝群"里的粉丝把直播间链接分享到朋友圈，或者发给自己的朋友。这些准备工作都是在为直播间导流，以提升直播间的人气。

直播"带货"领域的头部主播的直播间在线观看人数几乎场场都能突破上百万人，除了主播的个人品牌影响力以外，其"粉丝群"也发挥了一定的作用。例如，主播李佳琦有超过 500 多个"铁粉群"，每个群有 400 多人，其运营团队经常在群内与粉丝互动，直播前只需在群内适当预告，即可为直播间引流，因而其直播间的在线观看人数往往能达到上百万人。

（4）社群为直播间的营销转化构建信任基础

营销的流行场景已经从文字、图片、视频发展为现在的直播。通过直播，主播可以拉近自己跟潜在用户之间的距离。此外，直播也更真实、更直观。主播可以在直播间发红包、发优惠券、推荐产品、进行产品体验式分享等。但所有这些环节都是为了构建潜在用户对主播的信任，继而实现营销转化。而主播如果先构建"粉丝群"，将潜在用户引入"粉丝群"，在群内与潜在用户多次进行互动，建立信任，将其转化为自己的粉丝，那么，当开始直播时，只要能引导粉丝进入直播间观看、点赞、评论，就相当于获得了粉丝的第一步支持，此时再推荐粉丝需要的产品，粉丝很可能会表达进一步的支持，这也就促成了营销转化。

对于新媒体营销来说，社群是一个高效的流量承接与流量管理工具。借助"社群＋"，新媒体营销能更好地实现流量变现。

最后，要补充的是，以上所说的广告价值、品牌营销价值、交易价值及新媒体营销价值并不是社群的全部商业价值。因为由社群的社交和传播特征引爆的商业流量，能将社群的商业价值无限放大——社交和传播特征能够打通线上、社群、线下三度空间，并且三度空间能引爆商业流量。这意味着，现在的社群还有很大的商业价值空间等待着人们去探索、去发现。

1.5 运营社群的三大社交理论

社群是人的集合，其核心特征是社交。要想充分激活社群的商业价值，有必要了解三大社交理论：六度空间理论、社会学习理论和社会交换理论。对于大多数社群运营者来说，其运营社群前了解三大社交理论有助于其思考为什么需要建立社群，以及如何运营社群来有效实现建立社群的目标。

▶▶▶ 1.5.1 六度空间理论

六度空间理论（Six Degrees of Separation，也可译为"六度分割理论"或"六度人脉关系理论"）指出：一个人最多需要通过 6 个中间人，就能够认识一个陌生人。

这个理论源于一则名为"链"的小故事。在这则故事中，一个人向另一个人发起挑战，让对方找到世界上任意一个他无法通过 5 个以内的中间人能联结起来的人。

在 20 世纪 60 年代，一位心理学家对此进行了实验验证。这位心理学家在美国分发了 300 个包裹，并要求领取包裹的志愿者运用自己的人脉网，将各自的包裹送到一个特定的人手中。这个特定的人居住在波士顿，是一名股票经纪人。而领取包裹的 300位志愿者中，有 100 人居住在波士顿（和目标人物在同一座城市），有 100 人是股票经纪人（和目标人物属于同一个职业领域），剩下的 100 人则是完全随机分配的。心理学家提出明确要求，志愿者只能将包裹交给一位可以直呼其名的好友，好友也只能再交给自己的好友……最后，有 64 个包裹抵达目标人物的手里。而在随机分配的 100人中，有 18 人成功完成任务。

这个实验结果意味着，虽然不能完全确定只要通过 6 个中间人就能联系上世界上的任意一个人，但可以确定的是，通过"朋友的朋友"还是可以联系到很多需要认识的陌生人。

这个实验结果对于运营社群极为重要。可以想象，这样的人脉链接对社群运营过程中的招募社群成员、联络"大咖"参与活动、策划宣传方案、链接社群内外资源，都能给予启示和帮助。

▶▶▶ 1.5.2　社会学习理论

社会学习理论在此是指美国心理学家阿尔伯特·班杜拉（Albert Bandura）提出的社会学习理论。这一理论包括以下 4 个方面的内容。

1. 观察学习

班杜拉认为，人的行为，特别是人的复杂行为，主要是后天习得的。行为的习得有两种不同的过程：一种是通过直接经验获得行为的反应模式的过程，即直接经验的学习；另一种是通过观察示范者的行为而习得行为的过程，即间接经验的学习。

社会学习理论强调的就是这种观察学习或模仿学习。社群就是进行观察学习的最佳场合之一。

2. 交互决定论

交互决定论认为，人与环境是相互作用的，是一种交互决定的过程。在社群中高频交互会深刻影响一个人对事物的看法。

3. 自我调节

自我调节是个人强化内在的过程，是个人通过将自己对"行为的计划和预期结果"与"行为的现实成果"加以对比、评价，来调节自己行为的过程。在优秀的社群中，社群成员会接触到很多比自己优秀的人，这些人会让社群成员提高对自己的要求。

4. 自我效能

自我效能是指个人对自己完成某一项活动所具有的能力、信念的自我把握与感受，也指个人在面临某一任务活动时的胜任感及自信、自尊等感受。社群内更容易形成鼓励尝试和宽容失败的氛围，从而让社群成员更有信心去面对挑战。

▶▶▶ 1.5.3　社会交换理论

社会交换理论是 20 世纪 60 年代兴起于美国进而在全球范围内广泛传播的一种社会学理论。社会交换理论认为，人们的很多行为都受到某种能够带来奖励和报酬的交换活动的支配。人们的社会交往关系与社会结构是在人与人之间的"付出→回报→再付出→再回报"这样一个连续不断的过程中生成与维持的。这里说的报酬，不仅包括喜爱、喜悦、认可、感激等从社会交往关系本身中取得的内在情感报酬，还包括金钱、权力、合作、帮助等通过社会交往关系获得的外在利益报酬。

社会交换理论认为，一个人会对自己在与他人的交往或友谊中所得到的报酬和所付出的代价是心中有数的。人们并不会特地去计算这些报酬和代价，但会在意某种关系的总结果——从一段时间的相处来看，这种关系是使自己得到更多（报酬多于代价），还是失去更多（代价多于报酬）。如果对总结果不满意，人们可能就会停止付出行为，也就是停止社会交换行为。

在不同的文化环境中，社会交换中的付出和回报的表现形式和意义是不同的。下面以契约文化和人情文化中的社会交换为例进行说明。

在以契约文化为主的社会中，或者在以利益为目标的交换中，交换双方要通过交换，各有付出又各有回报，从而达到各取所需。交换完成的同时，交换目标达成。而要保证交换顺利完成，交换双方就要订立"付出与回报都清晰明确"的契约。因此，可以这样认为，在契约文化中，人和人进行社会交换遵循"订立契约→履行契约→再订立契约→再履行契约"的过程，而人与人之间的社会关系（主要是指信任与合作关系）就是在这种契约的订立与履行的过程中建构并延续的。

而在以人情文化为主的社会中，或者在以情感为目标的交换中，人和人之间通过人情交换来加深彼此间的情义，满足各自的情感需要（包括尊重的需要），从而达到人与人之间相互尊重、相互关爱、重情重义的状态。在这里所说的人情交换中，"给予"意味着情感表达，"回报"则代表着情感响应；"给予"的内容是随意的，"回报"的内容也是模糊的。人和人的关系（主要是指情感关系）就在"给予→回报→再给予→再回报"这样的循环往复的情感表达与情感响应中，得到延续与强化。

在契约文化中，交换讲究的是公平和诚信；而在人情文化中，"来而不往非礼也""滴水之恩当涌泉相报"是默认的交换规范。

社群是一个既有契约文化又有人情文化的圈子。社群成员间的交往既需要在公平诚信的交换中满足双方的利益需求，也需要在"礼尚往来""投桃报李"的情感交换中，加强社群成员之间的联系和情感，进而营造相互尊重、互助互爱、有情有义的社群氛围。

第一章　社群营销概述

1.6 如何评估一个社群的质量

衡量社群质量的指标有 4 个，分别是社群影响力、社群链接度、社群参与度、社群输出度。具体内容表 1-2 所示。

表 1-2　衡量社群质量的 4 个指标

指标大项	指标小项	指标说明
社群影响力	社群的规模	不是越大越好
	社群成员数量	不是越多越好
	社群的新媒体阅读量	越大越好
	社群中"大咖"数量	越多越好
	合作品牌	品牌数量越多越好、品牌知名度越高越好
	入群门槛	越高越好
社群链接度	社群线上活动频率	越高越好
	社群线下活动频率	越高越好
	社群成员自发活动比例	越大越好
	社群成员互加好友比例	越大越好
	社群成员互推比例	越大越好
	社群成员合作比例	越大越好
	社群成员新媒体提及比例	越大越好
社群参与度	每日消息数量	越多越好
	每周活动社群成员参与比例	越大越好
	社群成员自主发起话题比例	越大越好
	社群成员互相打赏比例	越大越好
	对于社群成员的问题及不良现象的响应速度	越快越好
	社群成员转介绍引荐比例	越大越好
社群输出度	社群精华内容新媒体输出	越快、越多越好
	社群品牌活动能量	越大越好
	社群输出产品类型	越多越好
	社群输出产品销售量	越高越好

简而言之，这 4 个指标可以概括为以下内容。

（1）社群影响力，社群影响力越大，商业溢价能力越强。

（2）社群链接度，社群成员互相链接的维度越多越好，线上、线下的活动越丰富越好。

（3）社群参与度，参与社群各种活动的人越多，活动越频繁越好。

（4）社群输出度，社群成员输出的成果越多，社群品牌越鲜明越好。

社群运营者需要用这 4 个指标来全面衡量一个社群的质量，对社群的质量进行评估。

当然，在评估社群的质量时，社群运营者也应该根据这 4 个指标分析社群的情况，如此才能找到社群的薄弱之处和优势之处。补足薄弱之处，保住优势之处，社群就能均衡发展。

思考与练习

1. 什么是社群？
2. 简述社群的生命周期及其特征。
3. 社群规模越大越好吗？为什么？
4. 简述社群的商业价值。
5. 简述运营社群的三大社交理论。

第2章
构建可持续成长的社群

【学习目标】

➢ 了解社群的构建动机。
➢ 了解社群名称的拟订方法。
➢ 掌握目标人群的定位方法和痛点分析方法。
➢ 掌握构建社群价值体系的方法。
➢ 了解适宜的社群运营平台。
➢ 掌握打造社群的共同价值观的方法。
➢ 掌握社群规则的制定方法。
➢ 掌握搭建多维度的立体化传播体系的方法。

要想做好社群，有些问题需要在起步阶段就考虑好，并尽量解决。例如，为什么要构建社群？希望社群带来什么样的回报？希望招募什么样的社群成员？希望社群成员在社群内的表现是什么样的？希望社群沿着什么样的路径发展？社群运营者只有想清楚这些问题，才可能与社群成员齐心协力构建出一个健康成长、持续发展的社群。

2.1 明确社群的构建动机

在社群策划阶段，首先要思考一个问题：社群带来什么样的回报能让你出钱出力、积极热情地运营社群？思考这个问题是为了了解自己的建群动机。

建群动机是建群的初衷，在运营社群之初必须想清楚建群动机，只有这样才可以明确后续社群的规则如何设置、用户价值闭环如何形成、商业闭环如何搭建等。如果一个社群的存在既能够满足社群成员的某种价值需求，又能够给社群运营者带来一定的回报，这样就会形成一个良好的循环，甚至可以形成自运行的生态。

很多人的建群动机是获取商业利益。基于商业利益的社群需要在一开始就进行变现路径的规划。当然，也有人建群并不是为了商业利益。一般而言，建群动机分为以下6种。

1. 销售产品

销售产品的动机，即构建社群的目的是更好地售卖自己的产品。这里的"产品"是泛指，既包括实物或虚拟产品，也包括服务、会员、知识成果等。

一般而言，以销售产品为目标的社群，构建之初可以在群内进行与商业无关的知识分享、技能分享，甚至是兴趣分享，社群运营者在得到社群成员的信任之后，再销售产品。

例如，一位善于绣十字绣的女士建了一个微信群分享绣十字绣的经验，分享了一段时间后，她开始在群里推荐自己的淘宝小店。这种基于经济目标而建立的社群往往更有可能持续运营，因为社群运营者为了促使社群成员追加购买，会认真而持续地为社群成员提供优质服务。

2. 用户服务

以用户服务为动机的社群可能在很长的一段时间内都不会涉及"商业变现"的问题，它实际上采取的是间接变现的模式。因为以做好用户服务为目标而构建的社群如果运营得当，从长远来看，对销售产品是非常有帮助的。

例如，在线教育型企业通过构建大量的用户群提供答疑服务，主要有两方面的好处。一方面，通过及时解答用户在学习方面的问题可提高用户对课程的认可度；另一方面，通过记录整理用户关注的知识点，做成能够在线分享知识的微课或短视频，可提升课程及品牌的影响力。

再如，对于销售价格较高但用户购买频率较低的非标品类的传统企业而言，由于用户的消费频次低，企业一般很难与用户形成高频的互动，导致用户流失率很高、复购率很低，"老带新"人数也很少。而借助用户服务型社群，企业就可以以高频的服务行为来提升老用户及潜在用户对品牌的感知价值，持续优化用户体验、持续与用户互动，从而提升复购率并增加"老带新"人数。

以用户服务为目标的社群可以帮助企业从过去的卖产品的思维转变为经营用户的思维，从而实现用户精细化运营。

3. 拓展人脉

人脉的价值是无穷的，出现以拓展人脉为目的的社群也是自然而然的事情。

人脉型社群尤其要明确目标人群，即确定需要拓展人脉的群体。因为不同的人群对人脉的需求是不同的。确定目标人群后，社群才能围绕其打造合适的运营体系。

例如，正和岛的目标人群是企业家。基于这类人群，它的产品服务包括：每天 24 小时，为企业家人群提供最具价值的判断依据和决策参考的"客户端资讯"；每月一期，内容板块包括趋势、商道等企业经营内容的纸质读物《决策参考》等。

4. 聚合兴趣相投的人

有一类社群的成立初衷跟"商业利益"无关，它纯粹想聚合兴趣相投的人。例如，拥有读书、学习、运动、艺术、手工艺等爱好的人聚合在一起形成的社群。这类社群的构建动机是吸引一批人一起维持共同的兴趣，构建一个有共同爱好的小圈子。

对很多人来说，日复一日的学习与成长需要借助同伴效应才能持续下去，大家需要在一起相互打气、相互激励，于是就出现了考研群、考证群、健身群、共同成长群等社群。在这种社群内，不管是社群运营者还是社群成员，都希望在一定时期内实现目标。然而，目标实现之日，就是社群解散之时。因此，这种社群如果想要持续运营下去，就需要在活跃期挖掘出社群成员的新需求，并建立新的社群目标，从而让社群在解散之前完成蜕变。

5. 打造品牌

为打造品牌而组建的社群的目的在于与用户建立更紧密的关系。这种关系并不是简单的交易关系，而是交易之外的情感连接。社群的规模越大，社群的传播力就越强，对打造品牌的影响也就越大。

但需要注意的是，不是所有品牌都能和用户建立交易之外的情感连接。而品牌能否跟用户建立情感连接，跟产品品类及品牌文化的沉淀有直接的关系。

例如，洗手液几乎家家户户都需要，其核心功能单一，不会让用户觉得使用不同品牌的洗手液就能代表不同的生活方式；人们对手机的需求很大，不同的手机有不同的功能，新款手机还可以成为代表科技潮流的产品，因此，用户对手机的关注度都很高，可以讨论的话题较多，以手机为中心的社群就可以快速建立起来。

还有一些品牌本身在用户群体中的口碑还没有建立起来，也没有品牌文化的沉淀，想要构建社群就会很不容易。

6. 树立影响力

树立影响力也是间接获得商业利益的方法。

一般而言，社群运营者比较容易树立自我影响力。社群运营者虽然不是一个正式组织的负责人，但是他管理一个社群，维护一个社群，就相当于一条关系链上的联结人，拥有联结人的影响力。他如果通过社群成功组织社群成员进行一些活动，就能在一定的圈子里逐渐树立起自己的影响力。社群运营者通过分享干货、组织一些有新意的挑战活动鼓励大家认同其的某种群体身份，一段时间后，就能借助社群的规模和自己对社群成员的影响力获得商业利益。

不管是为了什么，社群运营者都需要在建群之初就明白自己的建群动机。尽管有的社群在构建之初只是为了聚合一些认识的人，并没有考虑太多，更不用说明确的商业利益目标了，它们也可能在后来的运营实践中总结出了不错的商业模式；但是，越早明确建群动机，就会越早找到社群运营的方向。

2.2 拟订社群的名称、口号和 Logo

在社群的策划阶段，需要拟订社群的名称、口号和 Logo。

▶▶▶ 2.2.1 社群名称

社群名称是非常重要的社群符号，是社群的第一标签。例如，秋叶的社群"秋叶书友会"从名称上就能判断这是一个爱读书的人聚集形成的圈子，是以书会友的社群。

社群有以下 3 种取名方法。

（1）围绕创始人的名字或核心产品取名，如吴晓波书友会、秋叶书友会、小米的"米粉群"、华为的"花粉群"。

（2）根据目标用户群体取名。从目标用户着手，社群想吸引什么样的人群，就取与这个群体相关的名字，如拆书帮、爱跑团。

（3）根据社群理念取名。例如，王潇的"趁早"、李筱懿的"香蜜会"、邻三月的"橙为"。

不管采用哪种取名方法，都尽量不要用含生僻字的名称、中英文混合的名称或容易被写错的名称，因为这样可能会影响人们对社群的记忆和传播。

另外，一旦想到意向名称，首先要去百度、微博、今日头条、QQ 等网络平台搜一搜这个名称，看看是否已经被注册了，尽量成为第一个注册这个名称的人。如果搜索后发现重名的社群很多，可能就需要更换名称，因为重名意味着增加解释成本，不利于树立社群的影响力。

此外，还需要注意跟群名相关的商标是否已经被注册，能不能注册。要想将社群营销的事业持续做大，就要保护群名对应的知识产权，申请跟群名相关的商标。如果跟群名相关的商标已经被注册，再使用这个群名进行大规模的、有影响力的商业活动，就会出现侵权问题。因此，已经被注册了商标的名称，也不建议作为群名。

▶▶▶ 2.2.2 社群口号

社群口号传递的是社群的价值观，这种价值观也是社群亚文化的一部分。口号作为浓缩的精华，是体现社群亚文化的最佳载体之一。

口号一般有以下 3 种类型。

1．功能型口号

功能型口号，即阐述社群的各种特点，用具体的话语让所有人第一眼看到口号时就知道社群是做什么的。例如"剽悍江湖"社群的口号是"读好书，见牛人，起而行，专于一"。

2．利益型口号

利益型口号，即阐述社群的功能或特点能够带给目标人群的直接利益。例如，秋叶 PPT 社群的口号是"每天 3 分钟，进步一点点"。

3．理念型口号

理念型口号，即阐述社群追求该利益背后的态度、情怀、情感等，或者该利益升华后的世界观、价值观、人生观。例如，"趁早"社群的口号是"女性自己的活法"。

一个全新的社群在还没有树立影响力的时候，应将口号设计的焦点放在功能和利益上，尽可能减少用户的认知障碍，迅速占领市场。而一旦社群成长为大众熟知的品牌，理念型口号的意义就会体现出来了。

▶▶▶ 2.2.3　社群 Logo

确定了社群名称和口号后，就需要围绕着社群的名称与口号进行社群 Logo 的设计。

目前常见的社群 Logo 设计方法有两种，一种是已经非常成熟的企业或品牌在做社群的时候，会直接使用自己品牌的原 Logo；另一种是原生态的社群在一般情况下用社群名称来做 Logo，如图 2-1 所示。

图 2-1　文字型 Logo

设计社群 Logo 时要考虑到社群的分化性。有两种方法可以解决这一问题，一种是在主 Logo 上加上区域的名称，如"趁早读书会"的 Logo，如图 2-2 所示；另一种是在原 Logo 的基础上进行适当修改，如"魅友家"的各地社群 Logo 都会结合当地的地标或文化进行修改，但风格是一致的，如图 2-3 所示。

图 2-2　"趁早读书会"不同区域的 Logo

图 2-3　"魅友家"的各地社群 Logo

设计好 Logo 之后，社群在所有平台中开展活动时，基本上都根据 Logo 来进行统一的活动视觉设计。社群的官方微博和微信、纪念品、邀请卡、胸牌、旗子、合影等都使用统一的视觉设计来强化品牌形象。

当社群有了统一的名称、统一的口号、统一的 Logo 及统一的活动视觉设计后，社群就会变得形象化、标准化，就可以对外呈现出一个鲜明而独特的视觉效果。

2.3　目标人群的定位和痛点分析

创建社群并不仅仅是为了把人们聚合在一起，而是为了把人们聚在一起做成一些事情。而能不能把能共同做事的人聚在一起，关键在于社群能不能满足目标人群的需求，解决目标人群遇到的问题。

因此，在社群构建初期，还需要进行目标人群的精准定位，了解目标人群的痛点，这样才可以了解他们加入社群的缘由和期望，从而有计划、有目的地去做有价值的社群运营。

▶▶▶ 2.3.1　目标人群的定位

初建社群时，社群运营者较容易陷入的一个运营误区，就是将所有成年人都看作目标人群，不分重点，笼统地认为"人越多越好"。如果没有精准的目标人群定位，后续的社群价值体系设计、社群成员的引流和留存及价值转化环节，就会没有明确的中心。

因此，在社群的策划阶段，社群运营者就要定位社群的目标人群，并尽可能将目标人群标签化。

对社群来说，定位目标人群也是在打造界限，以禁止界限外的人群加入社群。因此，目标人群需要根据建群目的来圈定。常见的建群目的及其目标人群如表 2-1 所示。

表 2-1　常见的建群目的及其目标人群

建群目的	目标人群
销售产品	潜在消费者，即对某款产品或者某类产品有潜在需求的人群，如××超市周边 3 公里范围内的住户、想要购买计算机或手机的人群
完善用户服务	购买过某种产品或服务的消费者，如购买过基础教育产品的家长
拓展商业人脉	需要拓展商业人脉的人群，如各个行业的企业家、高管、创业者
交流职场知识	对特定职场知识有需求的职场人士，如从事人力资源、财务、法务等岗位的人群、求职者
交流兴趣爱好	拥有某个兴趣爱好的人群，如对视频剪辑感兴趣的人群、相约打篮球的人群
坚持行动达成目标	希望通过坚持某项行动达成某个目标的人群，如想要坚持阅读的人群、想要坚持跑步的人群

▶▶▶ 2.3.2　目标人群的痛点分析

"目标人群有什么样的痛点"是社群运营者在社群策划阶段需要认真考虑的问题。社群运营者找到的痛点必须真实存在，必须是从目标人群身上提炼出来的，而不是闭门造车、无端想象出来的。很多社群在运营过程中会遭遇很多困境，主要原因就是社群运营者并没有确认目标人群的痛点，没有通过切实地观察去验证这些痛点，所以才会出现社群成员活动参与度不高、社群输出内容不被社群成员认可等后果。

下面介绍 4 种挖掘目标人群的痛点的常用方法。

1.　收集目标人群的行为

一旦确定目标人群，社群运营者就需要通过网络收集和实际观察的方式记录和整理目标人群的行为，包括他们的消费特点、生活习惯、生活偏好、抱怨的事情、关心的问题等。

2.　找到爱分享的人

爱分享的人一般喜欢分享自己的体验和感受，痛苦的、愉快的都喜欢分享。而他们分享的信息中往往潜藏着高于普通人的需求，这可能就是社群运营者要找的目标人群的痛点，甚至是社群运营者构建有吸引力的社群的突破口。爱分享的人并不难找，社群运营者很容易在各个网站平台（知乎、百度贴吧、百度搜索、豆瓣、今日头条、微博等平台）中找到他们。

3.　跟目标人群直接交流

社群运营者可以借助微信、微博、知乎、豆瓣等平台与目标人群直接交流。因为只有跟他们直接接触、直接沟通，才能知道他们在想什么、需要什么、不需要什么，以及了解他们对诸多社群的评价和对社群的期望。

4.　搜集同类社群的文案

越有价值的社群领域，竞争者往往越多。能力强的竞争者往往是最好的老师，他们的社群文案往往集合了目标人群的全部痛点。

社群运营者如果已经拥有一些目标人群的联系方式，那么，在挖掘出目标人群的痛点后，还可以通过一些方法来验证这些痛点。例如，先根据已知痛点设计社群的运营框架，再将设计好的运营框架展示给目标人群，测试他们对社群的感兴趣程度，以此来判断挖掘出的痛点是否是"真的痛点"，痛点问题是否可以在社群内得到有效解决。

2.4　构建社群的价值体系

找到目标人群及其痛点后，就可以构建社群的价值体系了。这里所说的"价值"，不是指给社群或社群运营者带来的商业价值，而是指社群成员所能看到的社群价值，这些价值会成为他们入群的理由。换句话说，社群运营者要设计出能满足目标人群需求的社群功能和社群服务。

▶▶▶ 2.4.1　理解社群价值体系的内容

社群价值体系包含两个方面的内容：价值输出内容和价值输出源。基于此，在构建社群价值体系时需要思考以下 3 个问题。

（1）社群能给社群成员带来哪些价值？

（2）用什么方式能让社群成员感受到这些价值？

（3）这些价值从何处来？

这些问题对应着社群价值体系中的 3 个层面的内容——社群成员的价值需求、社群价值输出和社群价值源。

1. 社群成员的价值需求

社群成员的价值需求，概括来说，就是指社群成员的入群动机和留群理由。如果社群能够满足他们的价值需求，他们可能就会愿意加入社群并留在社群。但需要注意的是，社群成员具体的价值需求并不是一成不变的。当某个最迫切的价值需求得到满足以后，他们可能就会产生新的价值需求。如果社群无法满足新的价值需求，他们可能就会"潜水"或退出。

2. 社群价值输出

社群价值输出主要是指社群能输出的价值内容。它可以是具体的产品、明确的服务，也可以是知识，还可以是实战经验，或者三者皆有。只有持续地输出对社群成员有价值的内容，社群才能保持其对社群成员的吸引力。

3. 社群价值源

社群价值源在运营前期主要是指社群 KOL。这意味着，社群 KOL 的知识体系直接决定了社群价值输出的品质。由此可见，社群的 KOL 是运营前期整个社群价值体系的支柱。

社群价值源决定了社群价值输出，社群价值输出决定了社群成员的价值需求能否得到满足，进而决定了社群成员是加入社群还是离开社群。基于这样的逻辑，社群运营者需要用逆向思维来构建社群的价值体系。

▶▶▶ 2.4.2　用逆向思维构建价值体系

用逆向思维构建价值体系，即先考虑目标人群的需求，再根据需求构思社群的价值输出，最后根据社群的价值输出寻找社群的价值源。按照这样的逻辑构建的社群价值体系，能够让社群运营更符合社群成员的需求。

1. 把需求具体化

深入分析目标人群的行为特点，把目标人群的需求具体化，是构建价值体系的第一步。

一般而言，社群运营者需要分析目标人群的行为，尤其是他们的消费行为。因为人们通常会把钱花在满足自己的需求上。分析目标人群的消费行为，社群运营者就能知道他们是用什么方法来满足自己的需求的。

例如，大部分新晋"宝妈宝爸"都比较缺乏婴幼儿配方奶粉的品牌差别、真假辨别、购买渠道、喂养方法等知识，他们大多依靠亲朋好友的介绍或通过零碎的自学获得了一些"皮毛知识"，并据此做出购买决策。他们也许知道这些"知识"相对来说比较片面，但是，他们也确实难以找到一个权威的、有公信力的平台来获取全面的知识。因此，如果想要构建以这一群体为目标人群的社群，社群运营者就可以根据他们的这些需求来构建价值体系，告诉他们"什么该买，什么不该买""从什么地方买""什么知识可信，什么知识不可信"等。

2. 根据具体需求选择社群价值输出的方式

社群运营者需要根据目标人群的具体需求来选择社群价值输出的方式。

一般而言，社群价值输出的方式主要分为内容输出、话题输出、资源输出、项目输出、成就输出5类。社群运营者可以根据目标人群的需求，有针对地选择价值输出方式。

（1）内容输出，即社群为社群成员分享有价值的内容。在建群之初，内容输出主要依靠社群运营者、社群KOL或"大咖"嘉宾分享一些干货，如一些经验总结、技巧总结等，让社群成员觉得能在社群内学到东西；而在社群进入稳定阶段后，每个社群成员都可以进行内容输出，例如，社群成员可以分享一下自己是如何运用学到的知识的，得到了哪些提升，等等。需要注意的是，前期的价值源是社群运营者、社群KOL或"大咖"嘉宾；而后期的价值源则是社群成员。

（2）话题输出，即社群通过话题交流实现价值输出。这是社群成员都比较感兴趣的活动。社群运营者可以根据热门话题和能够满足社群成员具体需求的话题，在相互融合、相互带入的前提下定期进行话题讨论，并把讨论结果整理成册，变成社群的内部资料。这样既能满足社群成员具体的解决问题的需求，又能增强社群成员参与讨论的氛围，从而增强社群的吸引力。

（3）资源输出，即社群运营者在社群内进行资源整合，充分借助社群成员所拥有的资源，如人脉资源、学习资源、产品资源、就业创业资源等，实现资源的整合和利用，并在资源整合利用的过程中，不断地促成社群成员与社群、社群成员与社群成员之间的关系稳定，从而增强社群成员对社群的依赖感和归属感。资源输出由于能满足社群成员的直接利益需求，解决社群成员的利益痛点，被视为能有效增强社群吸引力的社群价值输出方式之一。

（4）项目输出，即社群运营者带领社群成员参与某个项目的研发或营销推广，从而让所有人都能获得项目收益。当社群发展到一定阶段，社群成员之间已经建立了信任基础，且对彼此的特长都比较认可的时候，社群运营者就可以集众人所长、合众人之力，共同研发或营销推广某个项目。当项目结束后，所有参与的社群成员都能分得项目收益。这种模式能为社群成员带来明显的、可见的收益，能明显提升社群成员对社群的价值认可度。

（5）成就输出，即社群运营者通过在社群内和社群关联新媒体平台宣传社群成员因加入社群而取得的个人成就，来增强社群成员对社群的集体荣誉感和价值认同感。例如，秋叶写书私房课的社群成员所著图书上市后常会占据当当网新书排行榜前列，这样的成就会及时被社群运营者制作成海报在社群内、微信朋友圈内及社群关联新媒体平台上展示。其他社群成员看到社群运营者展示的这些成就，就会更加认可社群的价值。

3. 根据价值内容寻找合适的价值源

社群运营者需要根据价值内容寻找合适的价值源，而不是随便地让价值源来输出价值。

一般来说，社群创建初期的价值源在于有号召力的社群运营者。如果社群运营者的知识体系能够保证既定价值内容的持续输出，那么社群运营者只需要在策划阶段好好规划内容输出的节奏即可，即在什么时间输出什么内容、讨论什么话题。否则，社群运营者就需要去找能够输出既定价值内容的"大咖"或专业人士来助阵，并根据他们的时间安排来规划内容输出的节奏。

▶▶▶ 2.4.3　构建价值体系的注意事项

构建价值体系时，社群运营者需要注意以下几点。

1. 不要把需求不同的人放在同一个社群内

有时，社群的目标人群可能会有不同的需求。对于需求不同的人，社群运营者需要把他们引入不同的社群，输出他们真正需要的价值内容。

例如，科技产品类社群的目标人群是科技产品的用户，但其实这个用户群体是可以细分的——"发烧友""小白"等。科技产品的知识储备已经达到专家级的"发烧友"更需要的是垂直类内容。同样地，对"小白"来说，他们是科技产品的消费者，但可能对"发烧友"热衷的垂直类内容毫无兴趣，他们可能更想从社群中得到购买建议——他们需要的是不同价位产品的推荐列表。如果这两类用户在同一个社群内，那么，"小白"一旦得到建议，就可能会选择屏蔽社群或退群，直到需要再次购买产品时，才会再在群里问一句"××产品怎么样"；而"发烧友"也可能因为社群的价值体系不太符合自己的高需求，而选择长期"潜水"。

2. 价值内容设计要尽可能抓住目标人群的痛点

价值内容设计要抓住目标人群的痛点，要有效解决目标人群遇到的问题。

例如，在由职场人士组成的社群中，从表面上看，各位职场人士加入该社群是为了交流行业知识、工作经验，实际上却是为了解决工作中遇到的问题，顺利完成工作，实现升职、加薪等目标。因此，由职场人士组成的社群的价值体系除了要有社群成员希望获得的行业知识、工作经验外，还可以加上人才对接、项目对接、个人兼职任务对接等内容。

价值内容设计抓住了痛点，后续的运营之路自然会畅行无阻。

3. 价值表述要具体

有的社群运营者说："我们聚集了一群小伙伴，我们想在一起共同成长。"共同成长可以作为社群价值吗？不可以，因为它太"空泛"了。社群可以使用"共同成长"作为社群价值，但表述要具体。

以"共同成长"为例，社群运营者可以通过以下3个方面的内容来介绍社群的价值。

（1）社群运营者会以什么频率邀请哪些行业的"大咖"。

（2）"大咖"会在社群内分享自己的人生经验、工作方法、资源和独家信息。

（3）社群成员可以和"大咖"在线交流，了解他们的思维，学习他们的方法，使用他们的资源。

只有这种具体的价值表述才能体现出社群的吸引力。

4. 设计互助共赢的价值模式

当今商业模式明显在向互联互通、合作共赢发展。在这样的时代主旋律和趋势下，一个社群可能会更注重社群成员间的协作，从而实现共创型的价值模式。

通过分析很多社群的成长历程就能发现，真正能长久发展的、不用特别维护还能保持活跃的社群的一个典型特征是社群成员之间逐步建立了互助共赢的关系。这其实相当于一种弱中心化甚至是去中心化的价值模式，这种价值模式更强调的是社群成员的高信任度、强自觉性、高参与度及高合作度。这种模式需要社群运营者渐渐地减少甚至放弃命令控制式的社群管理，以身作则，促进协作，让社群成员成为社群价值的创造源和输出源。

因此，在构建社群的价值体系时，社群运营者可能还需要寻找一个转变点。在转变点之前，社群采用中心化的价值模式；在转变点之后，社群采用去中心化、协作型的价值模式——全体社群成员通过共同协作，一起创造社群价值。

2.5 选择适宜的社群运营平台

社群需要一个主要的运营平台。社群的运营平台可以是QQ、微信、企业微信、钉钉、微博、百度贴吧、知乎等平台中的一个，也可以是几个。如果同时使用很多平台，就容易出现短板效应——如果一个平台运营不佳，那么其他平台的运营情况也会受到影响。因此，在创建社群之初，社群运营者需要先了解各个平台的特点，根据自己的目标人群和建群目标，确定社群的主要运营平台。

下面主要介绍QQ平台、微信平台、企业微信平台、钉钉平台及微博平台这5个常用平台的特点，以及在这些平台上运营社群的方法。

▶▶▶ 2.5.1 QQ 平台

QQ 是一款十分成熟的社交软件。巨大的用户基数、丰富的功能、跨平台操作的优势，让 QQ 平台目前依然是不可忽视的社群运营平台。几乎所有类型的社群都能够借助 QQ 群的力量运营。而且，在 2020 年年初，QQ 还为 QQ 群打造了 "群课堂"，优化了 "作业""文件"等功能，在在线教育类社群的运营过程中发挥了很大的作用。

在如今的 QQ 群中，签到、打卡、信息收集、投票、位置共享、群课堂、发红包、收钱、一起在线娱乐、群公告、群荣誉、群自动管理等功能一应俱全，如今的 QQ 群几乎适用于所有场景的建设。因此，在今天，QQ 平台依然是社群运营的 "核心战场"。

在此简单介绍 QQ 平台的几个对不同类型社群来说比较有用的功能。

（1）群课堂。群课堂功能对于在线教育类社群、培训类社群来说非常有用，其可以轻松地满足此类社群在线授课、直播授课的需求；同时，最新上线的 "作业" 功能，可以让教师第一时间给社群成员布置作业。

（2）文件。QQ 群提供了一定的文件存储空间，可以让社群成员迅速上传并分享文件。

（3）红包。QQ 群的红包有 8 种不同的模式，可让社群成员在群内发红包时获得游戏体验。

（4）相册。社群成员可以在 QQ 群内共享相册、动态，共享的内容可以被永久保存。

（5）收钱。QQ 群的收钱功能可以轻松实现 "AA 收费" 或分类收费。

（6）投票。投票可以帮助社群运营者轻松确认社群成员对线上和线下活动的想法。

（7）群活动。群活动的快速设置可帮助社群迅速策划线下见面交流会，还可以设置 "QQ 运动计步比赛"，来提高社群成员的活跃度。

（8）收集表。收集表可以帮助社群运营者创建各种报名表及意见收集表，并进行信息收集。

（9）群公告。关于进群后需要遵守哪些规则、什么时候开展活动等事项，社群运营者可以通过群公告第一时间通知所有人。

（10）群分享及其他小功能。对于刚刚建立不久的 QQ 群，社群成员可以通过 "分享群" 功能将社群分享给更多的好友；而对于已经发展壮大的 QQ 群，签到、活跃等级、快捷修改群名片、管理员权限设置等小功能可以进一步促进 QQ 群形成 "金字塔结构"，让 QQ 群的生态体系更加完善。

此外，"找群" 功能允许用户根据距离远近、分类、主题进行 QQ 群搜索。这意味着，如果 QQ 群的群名称、群主题有吸引力，对群名称、群主题感兴趣的用户可以主动搜索到 QQ 群。

由此可见，QQ 平台是一个功能强大的平台。这些强大的功能有利于社群运营者对社群成员进行管理。因此，不少初创社群的人都喜欢将 QQ 群作为社群运营的 "主战场"。毕竟，QQ 群独有的强大功能是其他平台都无法比拟的。

▶▶▶ 2.5.2　微信平台

虽然 QQ 群功能完善，但如果社群的目标人群不习惯使用 QQ 这个平台，社群运营者也不能把他们强拉进去。否则，即使把他们拉到 QQ 群，他们也不会在 QQ 群中表现得活跃。

微信群与 QQ 群有很多不同之处。目前在维护基于微信群形成的社群时，因微信群自身的限制，并不能实现 QQ 群的诸多功能。而随着微信群的市场规模越来越大，基于微信群的各种运营工具也越来越多。社群运营者可以借助以下工具来更好地运营微信群。

（1）社群打卡工具。社群打卡工具的主要作用是用一些打卡活动来提升社群成员的活跃度。常用的打卡工具有"鲸打卡""小打卡"等。

（2）报名信息收集工具。有一些微信小程序可以用于收集报名信息。这种小程序可以分为"快速报名"和"完整报名"两类。前者能快速进行信息收集，不过所收集的信息比较简单，如"报名接龙工具"小程序，主要用于社群入群信息收集，以及拼团、聚会、出行和会议等多个场景的活动报名，支持按编号进行报名，支持复制、导出名单；后者需要操作的步骤比较多，不过可以收集更完整的报名信息，如"金山表单"，该小程序内有各种信息收集模板。

（3）抽奖活动小工具。开展抽奖活动是提升社群活跃度的好方法，这里推荐"活动抽奖"这款小程序。目前，它开放的功能有实物抽奖和红包抽奖两种，直接输入奖品名称、奖品数量等信息即可进行抽奖。

（4）趣味红包小工具。在社群运营中，发红包是一个常用的活跃气氛的手段。除了传统红包之外，社群运营者还可以发一些创意红包。例如，使用"好友懂你测试"，社群运营者可以先出题，设置好红包个数、金额和对应的答对的题数，设置好后转发到社群，让社群成员猜题领红包。

（5）祝福视频小工具。节日、社群成员生日或其他纪念日到来时，如果想制作一些有创意的祝福视频，可以使用"祝福圈子"这款小程序，把祝福做成视频转发到社群。

（6）群内资料管理小工具。在这里推荐两个社群资料管理小程序。一个是用于群资料共享的"百度网盘"小程序；另一个是用于群文档协同编辑的"腾讯文档"小程序，它允许社群成员协同编辑同一份文档，社群运营者可以先创建"运营计划""活动方案"等文档，其他人直接打开小程序修改即可，十分方便。比较好用的群文档协同编辑的小程序除了"腾讯文档"，还有"石墨文档""金山文档""印象笔记微清单"等。

（7）群发消息小工具。借助群发消息小工具，如"群通知"小程序，可以直接生成一份美观、有趣的群通知，随后把小程序链接发到社群里即可，就不用再"@所有人"了。

（8）H5 制作小工具。借用 H5 制作小工具，可以定期为社群制作回忆录、活动邀请函等。

（9）照片美化小程序。如果想为社群做一张"全家福"，或者想美化活动的照片，可以借助"美图秀秀"小程序来实现。

（10）群发链接小程序。在群里分享产品、文章链接时，如果只是复制链接，可能会把很长一串字符放在群里，这样看起来不太美观。这时可以借助"短链接生成助手"小程序，只需简单复制粘贴就可以完成链接转化，再将新链接发送到群内，这样看起来就会简洁许多。

随着互联网的发展，常常会有新的、更实用的社群运营小工具出现。社群运营者可以多关注这方面的信息，为社群运营积累一些实用的小工具。

需要说明的是，在微信平台中，社群的运营方式并不局限于微信群。比较合适的运营方式是把微信群和个人微信号、微信公众号、小程序、视频号结合在一起灵活运营。其中，小程序可以作为商业变现的工具，如在小程序上进行产品的销售。

当然，一个简单而有用的搭配方式是微信公众号搭配个人微信号。两者搭配运营是有效的获得私域流量的方式。社群运营者在微信公众号的自定义菜中单添加自己的个人微信号，对文章感兴趣的读者从而可以通过这个渠道添加社群运营者的微信。社群运营者添加读者为好友后，就可以把他拉进社群，从而将其转化为私域流量。采用这种方式构建的社群，由于社群成员对社群运营者的认可度很高，社群的运营维护成本相对会很低，社群的能量会比较大，生命周期也会比较长。

▶▶▶ 2.5.3　企业微信平台

不同于微信平台，企业微信用户的名字后会自带一个品牌的"小尾巴"，其格式是"姓名/别名@公司简称"。当社群运营者用企业微信对外联络时，"小尾巴"可以帮助社群运营者与外部联系人快速建立信任。

在企业微信平台可以建立全员群、部门群和外部群。三者的用途如下。

（1）全员群主要用于企业内部全体员工的交流。

（2）部门群主要用于各部门或各项目团队的员工之间的交流沟通。

（3）外部群，也叫客户群，主要用于维系和管理客户。对于客户来说，外部群的操作界面类似于微信群；对于员工来说，外部群与微信群的运营方法一样；然而，对于企业来说，外部群则与微信群有很大的差别。当员工使用外部群联系客户时，企业微信的管理员可以看到每个员工的企业微信中有多少个外部群、每个外部群中有多少客户。当员工离职后，企业可将离职员工的客户、外部群转交给其他员工；当员工发生岗位、门店调整时，企业可使用"在职继承"功能将其客户、外部群分配给对应岗位的员工。这些转交场景无须客户确认操作即可直接完成。

与普通的微信群相比，企业微信群自带一些常用的办公功能，如在线文档编辑、会议、收集表等功能，可以看出，企业微信群更加适用于办公及团队协作。企业微信群的收集表功能如图2-4所示。

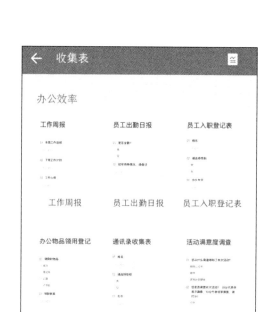

图 2-4　企业微信群的收集表功能

在社群运营方面，企业微信群和微信群也有较大区别。企业微信群可邀请官方的群机器人作为社群运营小助理。这样，当有新人进入社群时，群机器人就会自动"@新人"，并发送提前设置好的欢迎语，欢迎语可以包含文本、链接、图片、小程序等内容。社群成员有问题需要咨询时，也可"@群机器人"并发送问题关键词，群机器人会自动回复并解答问题，从而节省人力成本。

此外，企业微信群还有很多实用的社群运营小工具，如群直播、防骚扰、禁止加入群聊、群成员去重、群发助手等，能够有效地提高社群运营效率。

企业微信群对许多行业来说都很实用。如果企业微信群是以企业的名义创建的，企业微信群可以在企业微信平台进行企业微信认证。

▶▶▶ 2.5.4　钉钉平台

钉钉是新兴的社群平台。钉钉是阿里巴巴集团专门为企业打造的免费的沟通和协同的多端平台，它的定位是"全方位提升组织的沟通和协同效率"。钉钉起初并不起眼，自 2020 年 2 月 25 日，钉钉正式发布"圈子"功能后，钉钉社群才进入了社群运营者的视线。

钉钉为帮助社群运营者构建社群配置了以下功能。

（1）团队组建。任何组织或个人，无论是企业内的部门、兴趣团体、虚拟项目组，还是社团、班级或其他社会组织，都可以快速组建团队，并且可以享受大量免费权益。这些权益包括经过员工名单确定的"企业群"及很多企业团队办公协同功能，如公告、日志、管理日历、签到、钉盘等功能。

（2）群聊。群聊内配置了群直播、群公告、群文件、群投票、群接龙等群管理工具。

（3）圈子。圈子分为内部圈、在线教学圈、商业交流圈、社群运营圈等。其中，内部圈可以用于兴趣交流、培训学习，帮助社群打造社群文化；在线教学圈可以打造在线课堂，完成多群直播上课及布置和点评作业；商业交流圈可以对外联系合作伙伴，拓展商机；社群运营圈可以实现多群管理、群发消息、打卡等功能，有助于构建气氛活跃的社群。钉钉的圈子提供了与群聊统一的互动社区、多群关联的运营功能和满足各行各业社群运营需求的应用，可以帮助社群实现规模化的运营。

对社群成员和社群运营者来说，钉钉的这些功能都比较实用。以在线课程类社群为例，若在钉钉平台建群，在线教学开始前，课程的助教只需要邀请学员入群，学员们就能访问圈子、完成作业、观看直播、提交审批，各种功能使用起来极为方便。

此外，钉钉钱包可以绑定支付宝账号，钉钉钱包中的零钱可以自动转入支付宝余额。基于支付宝，账单、转账、红包、群收款和发票等功能在钉钉平台上也一应俱全，这一特点使得钉钉群具有社群收费便利的优势。因此，如果社群运营者一开始就准备建立付费社群，钉钉群是一个比较合适的选择。

不过，相较于已经深入人心且模式成熟的 QQ 群和微信群，新兴的钉钉群还缺乏社交习惯的沉淀，用户日常活跃度不高，这是钉钉群相较于 QQ 群和微信群的不足之处。

▶▶▶ 2.5.5　微博平台

微博是一个具有广泛影响力的社交媒体平台，汇集了大量名人用户、媒体用户、企业用户与普通用户。

社群运营者在微博平台也能建群。社群运营者通过点击微博页面下方的"消息"→左上方的"发现群"→右上方的"…"→"私信和群"→"创建新的聊天"→"新建一个群"，即可建群。

不过，在很多人的认知里，微博不是一个建群平台，而是一个配合社群运营活动的传播渠道，因为它具有裂变式的传播效果的特征。这一特征主要由微博的 5 个天然因素决定。

（1）单向的关注模式。与腾讯系的 QQ 和微信强调双向互动的紧密人际关系不同，微博采用的是单向的关注模式。微博的关注与被关注从社交网络的角度来看是一种不对称的人际关系，这种不对称形成了微博广播式的信息流动模式。在微博平台，用户可以任意关注他人，而不需要形成双向的好友确认关系。这意味着，一个人在微博上发布的内容，任何人都有可能看到。

（2）人人皆可随时随地发布信息。任何人都可以随时随地在微博上发布信息，包括当下的生活状况、个人的感悟，这让原来"沉默的大多数人"找到了展示自己的舞台。

（3）消除了传播者和接收者的界限。在微博平台，每个人都可以拥有自己的"微媒体"，拥有自己的"听众"，这激发了普通人的创作和表达欲望。

（4）人人皆可评论。微博允许普通人直接去名人微博、热点微博下评论。在名人微博、热点微博下评论可以拥有更多的读者。因此，即使只是一个普通人的评论，只要能得到大家的赞同，他的看法一样可以被广泛转发和传播，这在客观上营造了打破权威、鼓励创新、张扬个性的文化氛围。

（5）基于兴趣的广泛式传播。微博的传播过程使每个人都可以发布信息、传播信息、接收信息。任何一个微博用户在作为粉丝接收被关注者发布的信息的同时，也可以变成微博信息的再加工者和再传播者——微博用户由关注信息的发布者变成了信息的接收者；由于对信息感兴趣，又把接收到的信息通过转发再次传播给自己的粉丝。依次叠加，这则信息就会以裂变的形式被广泛地传递出去。

社群运营一定会涉及活动。在萌芽期和成长期，为了招募社群成员，社群需要开展活动；在稳定期，社群成员数量稳定后，社群还是需要开展活动来传播品牌或回馈社群成员。不管是在什么时期开展什么类型的活动，社群运营者都可以通过官方微博账号发布活动的预告、进展、回顾等，引导社群成员进行进一步的转发、互动，从而实现活动传播效果最大化。从这个角度看，微博也是社群运营必不可少的平台。

2.6 打造社群的共同价值观

共同价值观对社群来说非常重要。每一个人只有在自己认同的环境中，才会愿意带着愉快的心情去做一些利他的工作。为了更好地凝聚人心，打造有能量的社群，社群运营者需要为社群打造一套有鲜明特征、有独特风格且对目标人群有吸引力的共同价值观。

2.6.1 共同价值观的概念

社群的共同价值观是社群的灵魂，是构建社群的基石，也是社群持续发展的不竭动力。所谓社群的共同价值观，是指社群成员在社群内所秉持的价值观念。

共同价值观是凝聚社群成员的根本力量。社群成员因为拥有共同的价值观，所以能在社群内清晰回答以下3个重要问题。

（1）在社群内，我是谁？

（2）在社群内，我有什么样的理念？

（3）在社群内，我应该做什么？

这3个问题的答案确定了社群成员的社群身份。这个身份或许与社群成员在社群外的个人生活中的身份不一致，但能让他在社群内感到舒适自在。尤其是当他与其他社群成员沟通和交流时，共同价值观和社群身份就会得到进一步巩固和加强，他也就更愿意为了社群而做出与其他社群成员一致的行动，这就是社群凝聚力的表现。

如果社群有清晰明确的价值观，且提倡的价值观是正向的、积极的、符合社会道德的健康价值观，如鼓励社群成员积极乐观、谦虚好学、关爱他人、互助互利、合作共赢等。随着社群成员参加的社群活动越来越多，这种健康的价值观会给他们带来正向、积极的影响，这会让他们更加认可社群的价值观和自己的社群身份，社群也就更加有凝聚力。

相反，社群运营者如果没有认真思考社群的价值观，只是把社群成员聚合在一个群里，期望他们一起做一些事，那么，他可能会在运营过程中发现，起初，社群成员对社群活动的参与度可能很高；而一段时间以后，社群成员虽然对社群渐渐消除了陌生感、越来越熟悉，却也对社群活动的反应越来越冷淡。这种情况可以总结为，社群运营者并没有真正打造出一个理想的社群——只是打造出了一个"工作团队"。在一个工作团队里，人们或许目标一致，但终究会因为个人追求不同而分道扬镳。而在一个理想的社群中，基于共同价值观和对社群身份的认知，社群成员不仅会"协同工作"，还会频繁地进行沟通和交流，关心彼此。

因此，社群拥有共同价值观，社群成员就可以拥有共同的社群身份，这样社群才可能真正有凝聚力。

▶▶▶ 2.6.2　常见的 5 种价值观

什么样的价值观有助于社群运营呢？在此分享常见的 5 种价值观。

1. 思维开放

思维开放可以理解为不傲慢、不自大、通情达理，能站在别人的角度思考问题，也能接受别人的意见。一个人只有做到思维开放，才能看到自己的局限，才能虚心求教，诚恳地听取他人的良好建议，从而获得成长。而只有得到了成长，收获了利益，他才会真心认可自己的社群身份。

2. 待人公正

公正，即公平正直，没有偏私。孔子有言："不患寡而患不均。"很多时候，人们计较的不是自己得到的利益少，而是自己得到的利益比别人少。在一个群体中，具有利益分配权的人很容易因为亲疏关系进行不公平的利益分配。这显然与增强社群凝聚力的原则相违背。因此，包括社群运营者在内的所有社群成员都应待人公正。

3. 遵守规则

遵守规则就是每个人都要遵守相同的行为规则。遵守规则会让大家克制自己的欲望，做出利他行为，维护群体利益。但这并不意味着遵守规则的人会因此遭受损失。

因为社群内的每个人在别人眼里都是"他人"。若每个人都遵守规则，做出利他行为，这就意味着自己也在享受别人的利他成果。

4. 积极思考

很多人之所以加入社群，是因为在生活中感受到了一些压力，希望在社群中能得到化解压力甚至解决问题的方法。而只有积极思考，才可以找到问题的解决方法，才可以获得成长，才可以感受到社群的价值。因此，积极思考也应当是一个社群所提倡的价值观。

5. 互相尊重

在任何一个社群的价值观体系中，互相尊重都应该占有一席之地。

在人和人的交往中，分歧非常容易导致交往双方的关系破裂。没有思考方式完全相同的两个人，而思考方式不同，分歧也就在所难免。即使是兄弟姐妹，也会由于思考方式的不同而出现分歧，更何况是原本并不相识、并不了解彼此的社群成员。

因此，在社群里，社群成员需要依赖于互相尊重和互相理解。基于互相尊重，每个人都会尽可能地理解对方的想法，在言行中保护对方的尊严，让对方感到被接纳和被理解，从而让对方愿意与自己站在一起，愿意与自己齐心协力解决问题。

以上5种价值观并不是全部。社群运营者需要在此基础上，根据本社群的定位，添加适合本社群的价值观，如奋斗、创新、自由、享受当下、互助、分享等。

2.7 制定系统化的社群规则

社群价值观需要社群运营者好好规划，但是它有时并不会按照规划的那样形成。因为社群的价值观往往来源于构建社群的初始成员。这些初始成员包括社群的创建者、管理者、运营者，以及第一批加入社群的种子成员。这些人的个人价值观、个人处事方式、对社群的认知和期望，决定着社群价值观的走向，决定着社群将吸引到哪些人，也决定着社群能走多稳、走多远。也正是由于这个道理，有的社群即使一开始并没有明确说明自己的价值观，但从开始构建的那一刻起，它的价值观就在逐步成形。

初始成员对社群的影响极大，因此，在社群策划阶段就需要制定一些符合社群价值观的规则，有意识地对初始成员进行约束和管理，从而为社群价值观打造落地的基础。

一套系统化的社群规则至少需要包含选人规则、行为规则和淘汰规则。

▶▶▶ 2.7.1 选人规则

选人规则也就是常说的入群门槛。

入群门槛对社群来说非常重要。从某种程度上来说，社群就是一个有界限的圈子。借着这个界限，圈子内的人和圈子外的人之间出现了一条清晰的分界线。这条分界线不是为了将圈外人拒之门外，而是为了给圈内人打造一个安全的内部环境。设置入群门槛就是一个表现界限的好方法。

一说到入群门槛，很多人最先想到的可能是用各种方式收取一定的费用，如收取会员费、购买产品后入群等。收取费用的确是一种可清晰划定界限的门槛，对很多社群来说都比较有用，尤其适用于在线课程类社群。甚至有人总结：收费越高的社群，社群成员越不舍得轻易离开。然而，并不是所有的社群都适合用收费作为入群门槛。一个社群"适不适合收费""需要收多少"等，都需要依照社群能够提供的资源和价值而定。

除了收费，常用的入群门槛还有很多种，如需要通过社群运营者邀请才能入群的"邀请制"；必须要符合某些条件（如带着年幼孩子的"宝妈"、拥有管理能力和管理经验的公司创始人和职业经理人等）、完成某些特定任务（如回答一些既定的问题、写一份篇幅较长的自我介绍等）才能进群的"任务制"；需要别人推荐才能入群的"举荐制"等。设定这些入群门槛的目的在于通过各种方式了解申请者，以筛选出符合条件的用户群体。

设定入群门槛是为了筛选出精准用户，过滤无效用户。而为了更好地实现这个目标，社群运营者也可以把社群再次分圈，将其设为"体验圈"（或者称为"来访圈""外圈"）和"核心圈"（或者称为"正式圈""内圈"），如图2-5所示。社群运营者可以简单设定进入"体验圈"的门槛，同时设定从"体验圈"进入"核心圈"的筛选原则。当对社群感兴趣的申请者进入"体验圈"后，社群运营者可以通过在一定期限内考察申请者在一定数量的活动中的各种表现，判断他是否符合社群的要求。对于符合要求的"体验圈"成员，社群运营者可以将其引入"核心圈"。

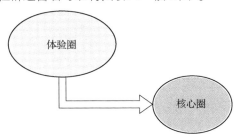

图2-5　社群分圈示意图

当然，有一点需要明确说明："核心圈"成员（正式的社群成员）需要拥有比"体验圈"成员更多的、更有价值的权限。这样，"体验圈"就可以成为社群申请者的探索空间，而这个空间也不会影响正式的社群成员的利益。

▶▶▶ 2.7.2　行为规则

行为规则虽然是对行为做出要求和限制，但是不宜使用强势的、禁止型的表述。因为禁止型行为规则不但需要专人时刻监督管理，费时费力；而且容易造成社群成员无法判断自己想说的话是否违规，从而更倾向于保持沉默的局面。禁止型的行为规则如下所示。

（1）不要发广告。

（2）不要"灌水"。

（3）不要在别人分享内容时滥发表情包。

（4）不要在××时间说话。

（5）不要私自添加好友。

（6）发言不要少于10个字。

（7）如要分享文章，必须事先和本群管理员联系，得到允许后才能分享，并说明分享的理由。

（8）广告集中发给管理员，由管理员每周六晚10点统一代发。

（9）不许发别人公众号的链接，但可以发自己的。

（10）广告合作请联系群主。

（11）若长期不说话，将会被"踢"出本群。

（12）不准讨论与本群主题无关的话题。

一个社群如果总是在告诫社群成员不能做什么，即使它表达的内容都是合理的，也是不利于社群运营的。试问，谁愿意在一个处处要求"不能说"的地方多说话呢？这就是禁止型行为规则的弊端。

那么，如何用行为规则来引导社群成员的行为呢？

首先，社群运营者要弄清楚一个问题：行为规则的作用到底是什么？行为规则不是要规定什么能做，什么不能做，而是要解释和传达社群文化。某社群的行为规则如下。

（1）新人入群必须进行自我介绍。

（2）新人入群必须发红包。

（3）发广告前必须发红包。

（4）完不成作业或未打卡的要发红包。

（5）不做作业的移入"小黑屋"一天，将无法听课。

（6）进群改群名称，名称中必须带"姐"或"妹"字。

这样的行为规则不是禁止型的，而是趣味奖惩型的——不以惩罚为目的，而以激励为目的。

社群是弱关系组织，弱关系组织文化的建设往往要以鼓励型、激励型行为规则为主。社群运营者应该用柔和、有趣的方式鼓励好的行为，以促使社群能量的增强。禁止的言辞、果断的处理应该只针对不能接受社群的行为规则而触犯社群底线的人。所以，社群的行为规则应该"三多三少"——多赞美、多鼓励、多表扬，少批评、少指责、少对抗。

▶▶▶ 2.7.3　淘汰规则

没有出局威胁，人就没有成长的动力，社群也一样。虽然社群在一定程度上追求扩大规模，希望社群成员越多越好，但这并不意味着社群不需要淘汰机制。

入群门槛低的社群需要淘汰机制。因为入群门槛低，社群成员鱼龙混杂，需要约束管理，对触犯行为规则的人需要惩戒，否则就是对克己守礼、遵守规则的人的不公平。

入群门槛高的社群也需要淘汰机制。虽然入群门槛高的社群引入的社群成员往往能力突出、自我约束力强，但是这类人往往由于工作繁忙不喜欢凑热闹，对群内活动的参与度不高，对社群活跃度的贡献很小。因此，社群运营者需要设定一定的淘汰规则，督促他们积极输出有价值的内容。

常见的社群淘汰规则有以下 4 种。

1. 人员定额制

人员定额制，即为社群的人数设定上限，达到上限即群满。若要引入新成员，就需要将长期"潜水"的社群成员或其他方面表现不好的社群成员移出群。这样可以促使社群成员珍惜自己的社群身份。例如，秋叶 PPT69 群规定，社群人数不超过69 人，如果社群人数达到 69 人，引入一位就必须先移出一位。被移出的基本上是长期"潜水"的或长期没有参与内容输出的社群成员。这样的动态调整过程就保证了社群的持续成长。

2. 犯规移出制

在社群运营过程中，影响社群的正常秩序的行为必须被及时制止。例如，一旦有人在社群中发布与社群主题无关的内容或发广告，或者两个人在群内过度聊天，影响其他人接收社群重要消息，社群运营者就需要对他们做出"移出"惩戒。当然，此类惩戒的实施要有一个缓冲的过程，即一次违规给予提醒，再次违规给予警告，第三次违规直接移出。这样，当有社群成员一再违规时，社群运营者按照规则对其做出移出惩戒就合乎情理，能让众人信服。

3. 积分淘汰制

社群是一个靠社群成员参与社群的来实现自我价值的圈子。一个优质的社群离不开全体社群成员共创的价值。制定社群规则，不只是为了移出不遵守规则的社群成员，也是为了激励社群成员为社群做出贡献。因此，社群运营者可以为社群建立衡量社群成员贡献度的积分淘汰制。例如，社群运营者可以在群内布置任务和"作业"，并根据社群成员提交的结果的质量，为他们积累社群积分。一个周期后，积分总分排在最后几位的社群成员将被移出社群，然后社群运营者进行新一轮的招募，为社群注入新鲜血液。

4. 主动劝退制

有的社群成员可能不会违反规则，但会做出一些让大家讨厌的事情。例如，喜欢在群内和别人抬杠、打着分享的名义发布质量不高的广告等，这些行为可能严格意义上不算违规，但处于违规的边缘。对于这样的社群成员，社群运营者可以主动劝退。

社群规则并非制定好后就不可更改，尤其是策划阶段制定的社群规则。社群规则的制定最好是群策群力——社群成员共同参与制定的群规才更容易被认可和遵守。当然，在策划阶段和初期运营时，可由社群运营者初步建立规则；但在后期，社群运营者需要根据运营情况逐渐丰富社群规则，每一次变更最好都经过社群成员的讨论，待所有人达成一致后再发布。

2.8 搭建多维度的立体化传播体系

在人人都在"抢占注意力"的注意力经济时代，社群要想具备影响力，就需要成为一个能够抢占更多注意力的社会化媒体。社会化媒体的职能并不仅仅是发广告，而是通过互联网和移动互联网渠道，传播整个社群的价值和乐趣，从而引起目标人群的兴趣和参与意愿，获得目标人群的认同。

社群要想成为社会化媒体，就需要借助基于现代移动互联网的诸多媒体平台，搭建一个基于不同传播渠道的多维度的立体化传播体系。

搭建多维度的立体化传播体系的第一步是搭建多元化的传播渠道。在当今的互联网中，很容易就能搭建出各种各样的传播渠道。虽然传播渠道多多益善，但由于每种渠道都需要持续地输出优质的价值内容，因此，社群并不需要每种渠道都搭建，只需要在几个合适的渠道中持续运营即可。经常使用的几个渠道如下。

1. 微信公众号

微信平台具有公开性、互动性和跨平台传播等特性，微信公众号推送的文章一经发布，就会立即被其粉丝看到。由于微信公众号一般是微信用户主动搜索或主动扫描二维码关注的，这意味着，粉丝对于所关注的微信公众号有一定的信任基础。基于这层信任，微信公众号的文章如果是粉丝感兴趣的且有说服力的，就容易引发在粉丝私人朋友圈中的二次传播。

因此，一般情况下，在微信平台创建的社群的最好"搭档"就是微信公众号——微信公众号可以用来展示和传播社群的内容和活动，并在"一对多"的可信任氛围中实现分裂式传播。

2. 微博

微博作为传播渠道有两个显著的特点：一是传播迅速，二是可拟人化。基于这两个特点，一条有趣的社群信息可以通过拟人化的运营，快速触发微博的引爆点，随后在短时间内通过互动性转发就可以抵达微博世界的每一个角落，互动人数也会在短时间内快速增加。因此，微博也是社群运营者需要认真搭建的一个传播渠道——社群运营者可以借助微博在更广泛的范围内放大社群的能量。

3. 今日头条

从属性上看，今日头条不是社交平台，而是资讯类平台。它从诞生之日起就靠着"平台算法、个性化推荐"，一举超越了很多资讯类平台。近年来，今日头条更是凭借其独特的算法推荐，一跃成为用户黏性最强和活跃度最高的资讯类平台之一。2020年春节期间，今日头条的用户平均使用时间长达96.48分钟。

同时，今日头条也已经建成了完善的作者体系，拥有图文、短新闻、短视频、直播等诸多内容形式，提出了诸多作者激励措施，还搭建了付费内容体系。如今，今日头条已经成为新媒体创作者们的另一个重要阵地。根据今日头条发布的《2020年度数据报告》，在2020年，共有1566万个新用户首次在今日头条发布内容，发布多种体裁的内容共计6.5亿条，累计获赞数为430亿次。

也就是说，今日头条不但拥有大量强黏性的阅读用户，还拥有诸多不同体裁的内容的创作者，可以为平台的阅读用户源源不断地提供他们感兴趣的内容。

而对社群运营者来说，今日头条的这些特性正好可以弥补微博和微信公众号的不足之处。在此，社群运营者无须刻意去追"娱乐圈"的热点，可以创作能传达社群理念的相关内容，或者更符合社群成员及目标人群日常兴趣的内容，如时尚、美食、房产、家居、汽车、职场、育儿、教育、游戏、旅游、体育、健康养生、文化财经、科技数码等领域的内容，并借助平台，将这些内容传递给对其感兴趣的用户。

4. 垂直类平台

人们聚合在一个社群内，往往是因为有共同兴趣或需求。因此，在相关内容的垂直类平台构建社群的传播渠道，可以更及时地将社群内容传播到目标人群中。

互联网上有各种各样的垂直类平台。例如，旅游方面有携程旅行、驴妈妈等；育儿方面有辣妈帮、宝宝树等；创业、商业方面有36氪、虎嗅、钛媒体等。此外，豆瓣、百度贴吧、天涯社区等综合类平台也有诸多垂直类小社区，小社区内也聚集了大量兴趣不同的活跃用户，因而具有很大的营销价值。

不过，在垂直类平台传播社群的内容时，需要注意传播的技巧——赤裸裸的广告会被严厉打击。在这些平台上，社群要以优质内容的分享来代替有广告性质的内容的发布，通过内容的价值慢慢建立起垂直类平台在用户心中的信任，提升自身的影响力，然后借助自身的影响力和平台上的KOL提升用户对自身的关注度。

5. 短视频平台

抖音、快手和视频号是目前三大主流短视频平台。在条件允许的情况下，社群运营者可以在三者中都布局。在运营能力有限时，可以仅选择其中一个平台进行深度运营。例如，秋叶系社群将视频号作为其主要的短视频内容传播渠道。

不同于抖音和快手，视频号是微信于2020年推出的一个短视频平台。视频号是微信系产品，依托于微信社交生态而存在，且具有独特的"社交推荐"算法，因此，视频号具备与微信公众号、微信朋友圈、微信用户、微信社群互相"扶持"的特性。

秋叶系社群的运营团队组建了与PPT教学、PS教学、手绘教学、手机摄影教学等相关的学习型社群，社群运营者鼓励社群成员将作业带上"#话题"发到视频号上，通过优质作业的传播，为社群带来新流量；同时借力"#话题"在一定时间内聚集大量的社群成员的作业，为社群打造口碑。

此外，目前的视频号还有两个独特的功能——每条视频中都可以添加微信公众号文章的链接；对应地，微信公众号的图文内容中也可以插入视频号的账号。借助这两个功能，社群运营者可以通过社群的视频号直接为社群的微信公众号引流，也可以通过社群的微信公众号推荐社群的视频号，从而有效优化社群在微信平台上的营销效果。

◥♀ 思考与练习 ● ● ● ●

1．社群的构建动机有哪些？

2．如何进行目标人群的痛点分析？

3．如何构建社群的价值体系？

4．哪些价值观有助于社群的长期运营？

5．构建社群时，需要制定哪些规则？

6．如何为社群搭建多维度的立体化传播体系？

第 3 章
社群成员的招募与管理

【学习目标】
➤ 了解社群成员的配置策略。
➤ 了解社群成员的引流途径。
➤ 学会收集与整理社群成员的信息。
➤ 了解引导新成员融入社群的方法。
➤ 了解劝退不合适的社群成员的方法。

　　社群策划阶段的工作完成后，接下来就进入招募和管理社群成员的环节。这个环节并不是阶段性的，而是伴随社群发展全过程。

　　社群成员是社群最有价值的资产。不管是社群成员的招募，还是社群成员的日常管理，运营社群的宗旨都是为社群成员带来价值，让他们有所成长、有所收获。

3.1　社群成员的配置策略

　　研究高活跃度社群的成长规律发现，一个长期活跃的社群内有各种各样不同类型的社群成员，他们或有意或无意地承担着各种角色，做出各种符合自己角色定位的行为，从而让社群更有趣。因此，一个社群在刚建立时就需要规划社群成员的配置，然后根据社群成员的角色不断地优化配置。

▶▶▶ 3.1.1　社群成员的 7 种角色

　　一般而言，一个社群的社群成员主要有 7 种角色：有号召力的群主、负责运营的群管理员、负责处理日常事务的社群小助理、为社群贡献内容的社群 KOL、活跃社群气氛的社群活跃分子、负责宣传社群的社群传播者、助力社群实现商业转化的社群"种草"者。每一种角色都有相应的"职责"。

1. 有号召力的群主

群主，即社群创建者，在社群里拥有最高权限。虽然人人都可以建群，但并不是所有人都适合当群主。群主必备的一项能力是号召力。对不同性质的社群来说，有无号召力的判断依据是不同的。在有的社群中，号召力往往与其在现实中的职位相关；在有的社群中，号召力需要建立在经济基础上；在有的社群中，有号召力的群主需要拥有较强的组织能力。其实，这些都是号召力的附加条件。号召力的核心在于一个人的品行口碑。

不管什么样的社群，有号召力的群主往往给人这样的印象：志向远大、自立自强、善于沟通、谦和宽厚、知人善任、豪爽豁达。并且，群主的品行口碑会被口口相传，在圈子里拥有很高的知名度，甚至传至圈外。于是，当这个拥有出色的品行口碑之人公开说要建立一个社群去做什么事情时，往往会吸引身边的人、圈内人甚至有所耳闻的圈外人跟随他。

2. 负责运营的群管理员

群管理员主要负责规划和管理社群事务，以及社群的整体运营工作。优秀的群管理员需要具备以下3个层面的能力。

（1）在目标层面，能根据社群的目标规划社群的日常运营内容，设计社群的商业转化流程。

（2）在效率层面，能从"投入产出比"的角度分析各项运营活动的价值，找到使"投入产出比"较优的实现路径和具体的运营方法。

（3）在合作层面，能发现身边的各种资源，且能够整合利用各种资源，让社群的每一项工作都顺利进行。

3. 负责处理日常事务的社群小助理

社群小助理的职责是帮助群管理员发布工作任务、完成工作计划等。社群小助理的主要工作是信息发布、活动安排、社群媒体平台的内容编辑等，事务虽多，但并不复杂。因此，社群小助理需要具备细心、谨慎、认真等特质，且有充足的时间来处理这些琐碎的事务。

在企业微信群中，社群小助理也可以使用群机器人来协助处理一些琐碎的事务。例如，监视群内聊天内容，处理广告信息；在新人入群时自动欢迎；对社群成员的常规问题进行回复；用风趣的话语在群内"智能聊天"；开展"签到"活动；自动整理群聊的精华内容；自动统计群聊数据（如消息数、话题关键词）等。借助群机器人，社群小助理能够有效提高处理社群日常事务的效率，让群管理员有更多的时间去策划和输出更有价值的内容。

4. 为社群贡献内容的社群 KOL

社群 KOL 是为社群贡献内容的人，能通过为社群贡献有价值的内容来提升自己在社群的影响力。

一般而言，社群 KOL 应具备几个特质：一是要有独特的人格魅力，或言谈幽默，或能言善辩，能给人留下深刻印象；二是要有丰富的知识储备，甚至知识储备达到专业级别，这样容易获得社群成员的信任，甚至能做到"一呼百应"；三是要有深度思考的能力，对任何话题都能进行有逻辑的分析，甚至还能引导社群成员进行深度思考。具备这几个特质的人，即使一开始没有什么名气，也很容易经过几次表现成为"达人"或"大咖"。

在社群成立初期，社群内的 KOL 并不多，可能只有一两人。而随着社群的不断发展，交流主题的多样化，社群也会自然而然地出现不同主题下的 KOL——或根据活动需要从外部引进，或从内部发掘。而当社群内有多名 KOL 时，社群运营的核心工作就是 KOL 运营。因为影响一名 KOL，就可以影响众多社群成员。

5. 活跃社群气氛的社群活跃分子

社群活跃分子，即负责提升社群人气、活跃社群气氛的人。一个正常运营的社群需要数量足够的社群活跃分子。他们每天在社群内签到、聊天，不断分享各种有趣的话题，让整个社群呈现出活跃的状态。社群活跃分子一直在变化——有人逐渐低调，有人日益活跃。只要社群里有数量足够的活跃分子，整个社群往往就能保持稳定的活跃度。

6. 负责宣传社群的社群传播者

社群传播者是负责宣传社群的人。一般情况下，爱分享的人更适合做传播者。但是，社群运营中并不需要去刻意寻找"爱分享"的人做社群传播者，因为很多人都会主动分享美好的事物，有时为了表达喜悦，有时为了找到同好，有时为了利他，有时为了展现自己的品位等。

因此，相较于刻意寻找"爱分享"的人来做社群传播者，不如输出有分享价值的内容，吸引社群成员主动在自己的私人渠道分享和宣传社群。

7. 助力社群实现商业转化的社群"种草"者

"种草"是当今的流行语，是指推荐一款商品，展示其特点，以激发他人购买欲望的行为。社群"种草"者能够帮助社群实现商业转化。在社群内能否"种草"成功，靠的不仅仅是产品本身，还有"种草"者的人品和其品位的可信度。因此，只有对某个领域或某些领域的产品有深入了解、容易获得他人信任的人，才适合作为特定领域产品的"种草"者。

▶▶▶ 3.1.2 多维势能，多元专业

有价值的社群会给人一种"万能"的感觉，即在社群成员需要帮助的时候，社群能解决不同的问题。而这样的"万能群"需要许多不同专业、不同势能的人来分享不同的资源，从而解决社群成员遇到的诸多问题。

虽然每位社群成员都有可能成为 KOL，但这并不意味着只需要找普通人让其加入社群即可。若一个社群内都是普通人，没有对比，社群成员往往就没有晋级的动力。因此，建议在招募低势能人士时，也要引入高势能人士。

如果一个社群里有各行各业的人，但这些人都是低势能人士，他们在一起聊天时往往只是"浅聊""闲聊"，久而久之，社群价值和活跃度就会降低。而势能高的人因为能以更高、更广的视角看待问题、总结知识，所以一旦在群里持续做知识分享，不管以哪种形式，社群成员都会容易感到"听君一席话，胜读十年书"，自然也会积极地参与讨论。

当然，一个社群内也不能有太多的高势能人士。如果社群内大多数人都是高势能人士、"大咖"、KOL，但没有足够的低势能人士追随他们，他们可能就不愿意在社群中待下去了。

因此，社群运营者可以按照"二八法则"来安排社群成员的结构：4%是高势能人士；16%是中等势能人士；80%是低势能人士。高势能人士很容易成为KOL，甚至一入群就是KOL；而中等势能人士经过正确的引导，也能成为高势能人士，成为KOL。低势能人士经过观察中等势能人士的努力，也可以尽快增加自己的能量，成为中等势能人士，进而再经过引导成为KOL。这就是社群成员的向上晋级通道。这样，普通的社群成员就有了努力、坚持的方向和方法。社群成员获得成长以后，就会认同社群的价值。

在此需要说明一下，这里的"高"和"低"都是相对的。例如，一个社群内的主要成员是普通公司的一线工作者，那么普通公司的创始人、总经理和知名公司的中层管理者一般就可以算是高势能人士；而在某些企业家社群中，普通成员是各个公司的创始人、总经理，高势能人士则应当是有足够知名度和影响力的公司创始人、知名投资机构的合伙人等。

总之，若社群运营者的目标是打造一个持续活跃的社群，就必须站在社群成员的角度，为社群成员创造价值。在社群成员的甄选上，要有意识地选择"有用的人"；在运营上，也要倾向于"让人有用"。这样，社群才会随着社群成员越来越多，其价值越来越大。

3.2 社群的三大引流途径

在社群运营早期，社群运营者的主要工作是"拉新"，也就是为社群拉新成员。这个环节有两个细分过程：第一步是寻找目标新成员；第二步是吸引这些目标新成员添加社群运营者的个人社交账号，使他们成为社群运营者的私域流量。这就是社群的"引流"。

在此介绍三大引流途径。

▶▶▶ 3.2.1 线上新媒体引流

线上新媒体引流的渠道主要有微信平台的朋友圈、微信群、公众号、视频号，微博平台的微博，今日头条平台的文章和文字问答，知乎平台的文字问答，抖音、快手等短视频平台的短视频等。所有这些渠道的引流方式可归纳为以下 4 种：短文案引流、长文案引流、短视频引流及别人的微信群引流。

1. 短文案引流

在微博和微信朋友圈发的短文案可以被看作一个免费的广告位，社群运营者可以把准备好的社群文案做成"九宫格图片＋短文案"的形式在微博和微信朋友圈中展示。不但可以在自己的微博或微信朋友圈展示社群文案，还可以让朋友转发文案到他的微博或微信朋友圈。朋友的朋友看到文案被吸引之后，就可以通过文案上的信息添加社群运营者为微信朋友，这样就达到了引流的效果。

2. 长文案引流

如果已经注册了跟社群相关的微信公众号、今日头条账号、知乎账号，且积累了一定的粉丝，社群运营者就可以考虑将这些账号的粉丝引流到个人微信号。社群运营者利用这些账号发布长文章时，可以在文章末尾等处留下自己的个人微信号吸引粉丝添加。

3. 短视频引流

短视频引流，即通过运营抖音账号、快手账号、视频号账号等短视频账号，用优质的内容获得用户的关注，将短视频用户转化为社群运营者的微信好友。短视频引流有以下 5 种方法。

（1）账号简介引流

抖音、快手、视频号等平台的短视频账号都有一个账号简介区，社群运营者可以在账号简介区通过文字引导用户添加自己的个人微信号。

（2）签名档引流

签名档通过简短且有利益性突出的文案引导用户添加社群运营者的个人微信号，给予用户的利益一般是优惠福利或满足用户刚需的内容或产品。

（3）私信区引流

通过视频简介、签名档等引导用户给账号发送私信，然后通过私聊的方式将其转化为个人的微信好友。

（4）视频内容引流

展示完核心内容后，在结尾处留下一个行动指令，通过字幕引导用户找到社群运营者的个人微信号。

（5）评论区引流

通过设悬念、提问题等方式引导用户查看评论，并置顶自己的评论，从而引导用户添加社群运营者的个人微信号。

4. 别人的微信群引流

一个微信群中少则几十人，多则数百人，别人的微信群是一个非常好的添加微信好友的入口。通过别人的微信群添加微信好友有两步操作：首先，社群运营者需要通过各种渠道找到这些目标用户聚集的微信群；接着，在微信群内与他们建立深度连接，然后将他们加为自己的微信好友。

一般而言，找微信群并不难，活跃的微信群往往在各大平台都设有自己的官方账号，如官方微博、微信公众号、头条号等。社群运营者可以根据某些文章找到官方账号，然后申请入群。

微信群引流有一大优势，那就是相对精准。因为大多数社群都是基于某一共同的兴趣、关系、特征而建立的，如妈妈群、××地区的招聘群等。社群运营者可以根据群定位而有选择地进群。

与微信群引流操作相似的还有 QQ 群引流。与微信群不同的是，QQ 群是可以被搜索到的，社群运营者可以通过搜索 QQ 群来寻找目标人群所在的社群。一些高质量、高活跃度的 QQ 群往往也会建立自己的微信群，这就为社群运营者提供了一种通过 QQ 群找到微信群的路径。

▶▶▶ 3.2.2 线下场景引流

"线上聊天千万遍，不如线下见一面。"线下连接更容易建立起彼此间的信任感。因此，如果有机会，多参加一些同学聚会、同行聚会、线下论坛、行业交流会等线下活动，在活动中主动与其他人交流，建立信任后就可以和他们互加微信。通过这种方式添加的微信好友由于有一面之缘，彼此之间的信任度较高。

对于某些类型的目标人群，社群运营者可以通过他们经常活动的场所找到他们，然后通过一定的利益引导，促使他们添加社群运营者的个人微信号，或者直接加入社群。

一个母婴类产品专营店的店长通过建立社群的方式在 15 天内实现了 12 万元的销售额，他使用的方法就是线下场景引流。

这个店长自己在互联网上没有资源，只能通过线下场景找到潜在目标用户。他先到妇幼保健院、儿童娱乐场、早教中心等场所去寻找目标用户——家中有小朋友的妈妈们。找到目标用户后，他告诉她们：扫码入群就送价值 58 元的书包。于是，仅用了 10 天的时间，他就搭建了一个有 300 多人的妈妈群。通过这种方式构建的社群不但成员精准，而且因为社群运营者在线下认识成员，两者之间的信任度较高，属于高质量社群。

在赠送礼品取得信任的基础上，他进行了一场试探性营销：价值 300 元的家庭摄影，在群内买只要 98 元。他还承诺，拍照结束后立即返还 98 元。这场销售活动共有 127 位社群成员参加。

这场试探性营销有 3 个方面的作用：首先，可以通过"返还 98 元"提升社群成员对他的信任度；其次，可以试探社群成员的付费愿望；再次，能够引导后续的群内销售行为——已付费的 127 位社群成员因为购买过一次，若体验还不错，就有可能再次购买，而未购买的社群成员可能会因为免费领了书包却拒绝这次活动而感到些许愧疚，从而会在后续的活动中进行补偿性质的消费。

于是，当他开始以 6 折的宝宝用品为流量产品进行到店导流时，共有 237 位社群成员到店消费，实现了共计 12 万元的销售额。

▶▶▶ 3.2.3 社群成员转介绍引流

社群成员转介绍引流，即通过已入群的社群成员的推荐吸引更多的人加入社群。社群成员推荐有很多好处，在此简单列举如下。

首先，推荐人可以向被推荐人解释社群的作用，让想要入群的人先对社群有所了解，避免盲目入群。

其次，推荐人和被推荐人在一个社群里，有助于被推荐人发言时推荐人能积极回应和互动，避免出现新人入群发现自己讲话没有人理会的冷场效应。

最后，被推荐人由于与推荐人有情感层面的连接，降低了其入群后不久就退群的可能性。

最重要的是，这种模式有利于寻找合适的社群成员——当确定了社群成员结构之后，推荐者就可以找出符合要求的社群成员。

例如，在"个人品牌 IP 营"中，萧秋水主动介绍"喜马拉雅"平台的人士入群；秋叶大叔主动约"在行一点"（原"在行分答"）平台的人士入群，这样，社群成员若要连接平台，在社群内就可以完成快速连接。此外，秋叶大叔还推荐"不二酱"的创始人小红红入群，以活跃社群气氛。

通过这些引流方式，社群运营者可以为社群找到多元化的社群成员。诸多不同的社群成员或个性不同，或行业不同，或兴趣不同，聚在一起更容易碰出火花。

3.3 在微信好友中发现匹配的社群成员

每一个微信用户一般都有一些微信好友。社群运营者也需要有意识地经营和管理微信好友，从中发现匹配的社群成员。

▶▶▶ 3.3.1 为微信好友分类

为微信好友分类，即对已经添加的微信好友按目标人群的条件进行备注，然后进行标签化分类。这一步骤可以在对方申请添加微信好友时，通过在备注栏中加上职业、城市等信息来完成。若忘记备注，可以群发消息让大家回复相关信息，再据此进行备注。

一般而言，社群运营者可以从以下 3 个维度对微信好友进行标签化分类。

（1）人口统计维度。根据人口统计维度的标签，包括性别、年龄、人生阶段、收入、婚姻/子女/父母情况、教育水平、籍贯等信息，结合社群主题，选择合适的标签对微信好友进行分类。

（2）兴趣爱好维度。根据兴趣爱好，包括娱乐、生活、文化、消费等方面的偏好，选择音乐、影视、宠物、家居、阅读、摄影、旅行、美妆等偏好标签对微信好友进行分类。

（3）日常状态维度。根据日常状态，包括生活、工作、社交等方面的日常状态，选择居住信息、房车信息、工作信息、交友情况、社交圈属性、人群归属等状态标签对微信好友进行分类。

分析微信好友的个人情况、兴趣偏好、日常状态等方面的信息，可以为后续个性化的朋友圈营销活动的开展提供有效的数据支撑。

▶▶▶ 3.3.2 筛选微信好友

社群运营者需要筛选出适合加入社群的微信好友，也就是社群的目标。筛选过程一般包括以下3个步骤。

1. 群发信息初步筛选意向成员

社群运营者通过群发信息来初步筛选意向成员，具体方法如下。

（1）在朋友圈发布一条社群的简介，可以使用"图片＋文字"的形式，也可以使用纯海报或纯文字的形式。

（2）群发信息给还不熟悉的、从其他渠道引流而来的微信好友，请他们为这条"自我介绍"动态点赞，如有意向加入社群，请在朋友圈内评论，评论内容为自己的城市和职业，以方便对其进行备注。

（3）对按要求进行评论的微信好友进行一对一跟进私聊。

在这个过程中，不要发信息给已经熟悉的微信好友，以免被他们当成骚扰信息。

2. 建测试小群进行互动测试

在筛选出意向成员后，就可以按照评论的顺序（评论的顺序在某种程度上反映了对方的积极程度），分组建立人数不超过40人的小型微信群进行互动测试。建立互动测试群需要注意以下3点。

（1）群建成后发红包，以活跃气氛。

（2）先进行自我介绍，然后请大家进行自我介绍。在对方的自我介绍中，要观察对方是否符合社群的要求，如果符合，就立即备注。

（3）介绍正式社群，并做出入群邀请。

这些小群只是过渡群，可以随时按需建立，且存在较短的时间后，即可解散。

3. 建立目标成员群

对于需要付费才能加入的正式社群，在引导新成员进入正式社群前，需要建立两个过渡群——除了测试小群之外，还需要建立一个不收费的目标成员群。

建立目标成员群就是要把所有符合条件的微信好友聚集在一起。在目标成员群中，社群运营者应多用"红包策略"激发他们加入正式社群的欲望。在目标成员群中发红包的策略如下。

（1）每次发红包的个数保持在社群人数的30%以内。

（2）发3次红包：第一次发红包是为了感谢相识；第二次发红包是为了引出自我介绍；第三次发红包是为了邀请他们加入正式社群。

（3）之后发红包主要是为了邀请目标成员参与活动。

▶▶▶ 3.3.3　朋友圈互动

朋友圈互动是为了引起社群目标成员的注意。朋友圈互动就是通过朋友圈的提醒功能与目标成员进行互动，但是不能互动得过于频繁，除非社群运营者确定要宣传的社群主题就是目标成员想要的，或者要告诉他们的干货正是他们需要的。朋友圈互动有以下3个小技巧。

（1）对于普通的目标成员，社群运营者可以发送与社群主题相关的干货、活动信息、培训信息、励志句子、笑话等内容并提醒他们查看。由于朋友圈的提醒功能每次只允许提醒 10 个人看，如果目标成员比较多，社群运营者就需要将目标成员分组，轮流"部分可见"，以免让大家看到同一条动态"刷屏"。

（2）对于筛选出来的特别重要的目标成员，社群运营者需要看完他们的个人朋友圈，大致分析他们每个人的个性化信息需求。例如，分析他们可能关注哪些方面的信息，然后定期或不定期地推送相关信息到对方的个人微信，并跟对方说"我看到这些信息，感觉可能是你需要的"，以建立感情。

（3）对于所有的目标成员，社群运营者都需要不时地去他们朋友圈的动态下点赞和评论，通过这样的互动拉近彼此之间的关系。

▶▶▶ 3.3.4　一对一沟通和推荐

通过群发信息、测试小群和朋友圈互动，社群运营者和目标成员逐渐从弱关系发展为强关系，接下来社群运营者就可以一对一进行深入的信息沟通，按需向目标成员推荐合适的社群产品。此时的一对一沟通需按照以下策略有序进行。

1．破冰私聊，建立信任

破冰私聊可以理解为打破陌生感的私聊。破冰私聊的方法如下。

（1）主动介绍自己的职业、特长、社交圈子、成绩等，以让对方意识到社群运营者可以给他带来的价值。

（2）提出简单易答的封闭式问题，让对方能在毫无压力的情况下简单地回答问题。聊天话题可以选择双方的共同点，如相同的经历、相同的圈子、相同的爱好等，以拉近双方之间的心理距离。

（3）应根据已经了解的信息，时不时地赞美对方，如称赞其孩子聪敏、英俊、可爱、学习好等，以增强对方的聊天乐趣，从而加强对方的交谈意愿。

2．深聊背景，了解需求

深聊背景分为聊基本情况、聊相关经历和聊个人愿景3个层面的聊天，这有助于社群运营者明确对方的入群需求。

（1）聊基本情况。例如，聊对方在什么样的城市，以确定对方的消费需求；聊对方的职业和家庭成员，以分析对方的可支配收入和购买力。

第3章　社群成员的招募与管理

（2）聊相关经历。聊跟社群主题相关的经历。例如，对于在线课程类社群，询问对方是否加入过类似的社群、为什么加入、体验如何等。这些聊天内容可以帮助社群运营者了解对方的入群需求。

（3）聊个人愿景。聊跟社群主题相关的个人愿景。例如，接下来有什么样的学习打算？是否打算加入一些社群来拓展知识面和人脉？这些聊天内容可以帮助社群运营者制定合适的介绍策略。

3. 根据对方情况推荐相应的社群产品

在充分了解目标成员的需求后，社群运营者就可以根据所了解的信息，为目标成员推荐能够满足其需求的社群产品。例如，秋叶团队的个人品牌系列的社群产品可分为图书实物、个人品牌共读营、个人品牌研学营、个人品牌顾问营及个人品牌 IP 营。不同的社群对应着不同价位的产品，从而满足不同需求的目标成员。

在得到目标成员的认可，并引导其完成相应的付费后，就可以将其拉入相应的社群。如此，社群的导流环节才算完成。

3.4 社群的裂变"涨粉"设计

在获得第一批社群成员之后，社群运营者就可以以此为基础，通过设计裂变活动吸引更多人加入社群。

通常情况下，一场裂变活动的流程如图 3-1 所示。

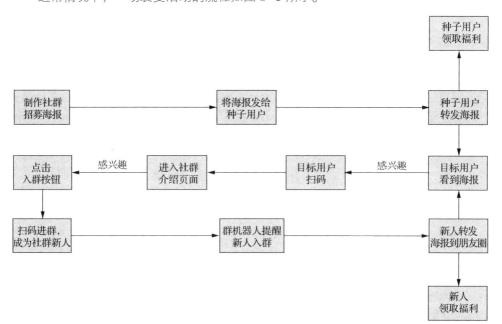

图 3-1　一场裂变活动的流程

在这个流程中，有 4 个核心要素决定了裂变的效果，即种子用户、福利、分享引导及海报。因此，整个裂变活动的设计也可以理解为这 4 个核心要素的设计。

由于在这个流程中，裂变的目的是"涨粉"，即吸引更多人加入社群，因此，这 4 个核心因素都需要依据裂变这个目的来设计。

3.4.1 种子用户

种子用户是开启裂变活动的第一批用户，是裂变活动开启阶段的重要参与者。

种子用户需要具备两个条件：一是数量多；二是社交影响力大。数量多，可以为裂变活动提供较高的人气和势能；社交影响力大，则可快速扩大裂变的效果。

一般情况下，满足这些条件的种子用户并不容易找到。如果实在不容易找到这样的种子用户，可以寻找能满足这些条件的外部渠道，并与之合作。只要找到合适的渠道，裂变活动往往就成功了一半。

3.4.2 福利

福利是活动的诱饵，也是整场活动的核心。如果福利不够诱人，参与活动的种子用户和目标用户可能就没有传播社群的动力，那么这场活动往往也就无法继续了。

因此，福利需要根据种子用户和目标用户的需求来设计，具体的操作方式如下。

首先，要选择种子用户和目标用户切实想要的产品。一般情况下，目标用户在购物节抢购的热门产品，就是他们切实想要的产品，因而社群运营者可以从"双 11"或"618"的销售排行榜中选择合适的产品。

其次，要选择符合社群主题的产品。因为社群裂变活动的目标用户是对社群主题感兴趣的人，只有选择符合社群主题的产品，才能吸引对社群主题感兴趣的人，才能实现后续的商业变现。

最后，福利的成本不宜太高，数量要尽可能多。一方面，就成本而言，福利的成本关系到社群的运营成本。如果是实物产品，除了要考虑采购价格，还需要考虑包装费及邮寄费用；如果是虚拟产品，如电子书、线上培训课程等，福利的成本就比较容易控制。另一方面，就数量而言，福利的数量会影响目标用户的参与兴趣，也会影响裂变活动的持久度。如果数量不够，可能裂变活动刚开始不久就得结束了。因此，很多社群往往会选择即使增加数量也不会增加成本的虚拟产品作为福利。

3.4.3 分享引导

分享引导的设计主要考虑两个方面的内容：分享渠道和分享工具。

1. 分享渠道

裂变活动的分享渠道一般有 4 种：社群运营者的朋友圈、种子用户的朋友圈、付费投放的相关社群、付费投放的相关新媒体账号。

社群运营者的朋友圈和种子用户的朋友圈在裂变活动中一般能很快地被利用起来。然而，对于付费投放的相关社群和付费投放的相关新媒体账号，很多社群运营者可能会认为操作麻烦或不好评估效果而不愿意使用。其实，只要找到与目标用户相匹配的社群与新媒体账号，跟其主理人约定按照效果付费，即可借助一些分享工具设计一张活动海报，并利用他们的社群或新媒体账号做推荐，分享工具往往能够统计此海报带来的用户数量。在活动结束时，按约定进行付费即可。

2. 分享工具

分享工具的选择主要取决于该工具是否具备分销系统、活码系统、消息推送（欢迎语）、关键词回复（任务审核）、奖励自动发放、数据统计等功能。只要是具备这几项功能的工具，都可用来做分享工具。

在当今的市场上，拥有这些功能的工具有进群宝、八爪鱼增长专家、微友助手、有机云、小裂变、媒想到等，社群运营者可以根据裂变需求和预算，选择合适的分享工具。

▶▶▶ 3.4.4 海报

种子用户将海报及文案转发到朋友圈后，如果海报的吸引力不够，其好友可能会在看到海报的 1 秒内就随手划过，这样海报可能就无法起到裂变作用了。如果海报及文案有足够的吸引力，翻看其朋友圈的好友可能会多停留 2～3 秒，同时判断自己是否感兴趣。如果感兴趣，他可能会再花点时间去海报上找其他信息，从而做出判断。这个过程可能耗时不会超过 1 分钟。

可见，海报是决定裂变活动效果的主要因素，社群运营者需要重视海报的设计。

海报的设计需要考虑海报标题、核心人物介绍、核心内容介绍、价值背书、福利及二维码等内容。

1. 海报标题

海报标题有 4 种类型：痛点型、权威型、获得型和速成型。4 种海报标题的文案结构及相关例子如表 3-1 所示。

表 3-1　4 种海报标题的文案结构及相关例子

海报标题类型	文案结构	举例
痛点型标题	描述痛点问题＋给出解决方案	你有多久没有读完一本书了？加入"有书共读行动计划"，每天花 15 分钟，每周读完一本书
权威型标题	名人头衔＋热点或痛点型内容	刘墉亲子教育成长营：40 堂大课让孩子会学习、有教养、更优秀
获得型标题	物质/心理/身体获得＋解决方案	普通人也能复制的直播变现之路
速成型标题	痛点问题＋时间少＋呈现效果	1 小时从英语"菜鸟"到高手，5 天提升社群运营核心技能等

2. 核心人物介绍

核心人物板块需要有核心人物的文字介绍和真实相片。

文字介绍主要是介绍个人标签。一般而言，个人标签越响亮，人物就越有说服力。真实相片可以让目标用户觉得这个活动有情感、有温度，而不是冷冰冰的一个活动，更容易让目标用户产生信任感，也更容易吸引目标用户的目光。例如，秋叶书友会的"共读计划"海报，如图 3-2 所示。

3. 核心内容介绍

有的活动比较复杂，需要明确展示具体有什么内容，能给目标用户带来什么价值。例如，"在线课程"海报的核心内容板块就可以展示课程大纲或罗列有吸引力的亮点，以便让用户看到课程的价值，如图 3-3 所示。

图 3-2　秋叶书友会的"共读计划"海报

图 3-3　"在线课程"海报展示的课程大纲

4. 价值背书

价值背书可以增强目标用户对社群价值的认同感。价值背书主要有以下 3 种类型。

（1）权威背书，即由权威机构推荐的行业标准认证。

（2）名人背书，即获得了高知名度人士的推荐。

（3）数据背书，即取得了什么样的数据。例如，某课程的海报文案是"仅仅3个月的时间，课程学习人数已经突破百万！"

需要说明的是，不管是什么类型的价值背书，都必须是真实存在的，社群运营者不可弄虚作假，也不可随意夸大。

5. 福利

对于付费社群来说，福利即与原价有较大差别的优惠价。这是促使目标用户加入付费社群的关键因素，如原价599元，"宠粉"价199元。

免费社群也可以用一些有实用价值的虚拟产品作为福利，如扫码即送超1000页的PPT资料。

福利是使目标用户行动的关键，有时福利甚至比海报标题、海报核心内容的作用更大。因此，福利除了要体现社群的价值外，还要突出其紧迫性、稀缺性，以激发目标用户的"损失厌恶"心理，促使其快速行动。

6. 二维码

海报中少不了二维码。二维码一般是与产品价格放在一起的，一般位于海报的左下角或右下角。其旁边往往还有一句有行动召唤力的文案，如立即扫码，先到先得；抢最后席位；报名就送×××等。相关案例如图3-4所示。

图 3-4　海报中的二维码

在实际操作中，社群运营者可以根据既定的海报结构多设计几张海报，先将海报投放到内部群进行测试，然后根据反馈效果进行优化，从而制作出传播效果好的海报。

在完成海报设计后，只要将海报传播出去即可开启裂变。

3.5 社群成员的信息收集与整理

在新成员加入社群之时，社群运营者需要收集新加入社群成员的一些信息。收集社群成员的信息有3个目的：首先，充分了解社群成员进社群前的情况和状态，便于一段时间后进行对比，以评估社群给他们带来的正面影响；其次，了解社群成员的需求和期望，便于调整社群运营的侧重点；最后，收集社群成员的个人联系方式，便于后续服务跟进。

社群成员的信息收集与整理包括以下4个步骤。

▶▶▶ 3.5.1 制订社群成员信息收集计划

在招募社群成员之前，社群运营者先要制订一个社群成员信息收集计划，根据目的确定要收集的信息。理想的社群成员信息表内容不能太少，不然收集不到有用的信息；内容也不能太多，不然容易使社群成员有所不满。社群运营者在制作社群成员信息收集表单时还应该有所侧重，使社群成员信息收集表单中的内容能够符合社群价值。

例如，在秋叶系社群个人品牌 IP 营中，社群运营者要求社群成员填写的表单包括以下内容。

（1）你的姓名和网名是什么？（基本信息收集，收集网名是出于保护隐私）

（2）你的推荐人是谁？在个人品牌 IP 营还认识谁？（人脉信息收集）

（3）你为何申请加入个人品牌 IP 营？（诉求收集）

（4）你是如何认识和理解个人品牌 IP 营的？（认知信息和态度信息收集）

（5）你现在经常浏览哪些新媒体平台？运营情况如何？（现状信息收集）

（6）你有哪些特长或资源？（资源价值信息收集）

（7）你期望加入个人品牌 IP 营后有怎样的改变？（诉求收集）

（8）你的电话号码是多少？（基本信息收集，不公开，用于紧急联系和重要消息通知）

（9）你的常用详细地址是什么？（基本信息收集，不公开，用于发放福利）

在这些问题中，所涉及的基本信息并不多，而且对于敏感信息设置了隐私保护；个人诉求方面的问题比较多，因为只有足够了解社群成员的诉求，才能帮助他们链接资源和人脉，从而实现互利共赢。

当然，不同类型的社群收集的信息是不同的。而不管是什么样的社群，社群运营者都要充分了解社群成员的入群诉求。只有这样，社群运营者才能有针对性地打造社群的内容体系，让社群更有价值，更有凝聚力。

▶▶▶ 3.5.2 制作社群成员信息收集表单

确定信息收集计划后，就可借助腾讯文档、金山表单等工具制作社群成员信息收

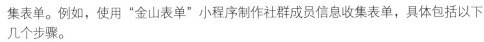

集表单。例如，使用"金山表单"小程序制作社群成员信息收集表单，具体包括以下几个步骤。

（1）使用微信的搜索功能找到"金山表单"小程序。

（2）在"创建"页面，点击"＋"，即可进入"新建表单"页面。

（3）在"创建"选项区域中选择"表单"，按需输入"表单名称"，点击"空白创建"按钮，如图 3-5 所示。

（4）在"新建表单"页面，点击"添加问题"，按需添加"题目模板"或选择题型自定义问题，即可创建表单，如图 3-6 所示。

图 3-5 按需填写表单名称

图 3-6 按需添加问题

（5）表单创建完成后，即可生成多种邀请填写方式，或发送给微信好友，或分享至朋友圈，或生成二维码展示在线下场景中，邀请社群成员扫码填写信息；也可以回到"金山表单"小程序的主页，在已制成表单的右下角直接点击"邀请填写"按钮（见图 3-7），将小程序发送给微信好友或微信群（见图 3-8），社群成员点击分享的小程序即可填写信息。

图 3-7　邀请填写　　　　　　　图 3-8　分享至群内的小程序

▶▶▶ 3.5.3　在入群时收集社群成员信息

一般而言，社群成员入群时是收集其个人信息的最佳时机，社群成员刚入群时如果被要求提供部分个人信息，基本上都会配合。并且，个别有疑问的地方也能及时解释清楚。

若在社群成员入群一段时间后再来收集他们的信息，可能就会因为各种各样的问题而导致效率低下。例如，有的社群成员不会随时在线，社群运营者需要反复通知社群成员填写表单，从而会影响收集效率。

▶▶▶ 3.5.4　对社群成员信息进行汇总和整理

社群的能量和价值来自社群成员。收集社群成员信息的一个主要目的是，将诸多信息作为体现社群价值的资源分享给社群内的所有成员。而有的信息是涉及隐私的敏感信息，如电话、地址等，则不能公开分享。因此，社群运营者需要对收集到的信息进行汇总和整理。

例如，秋叶系社群个人品牌 IP 营就是先对收集到的社群成员信息进行整理，然后在腾讯文档中按照一定的格式制成会员小档案，再将会员小档案编入会员手册，放在公告栏中方便社群成员查看。在汇总和整理的过程中，对于涉及隐私的信息，社群运营者并不做记录。但对于能够让社群成员感受到人脉价值、社交价值的信息，社群运营者就会将其编排入册，并分享给社群成员。

社群成员信息是社群的基础能量。这个能量并非要紧紧握在社群运营者的手中。相反，如果能将这些信息与社群成员共享，就可以实现人脉资源的有效利用，让社群发挥更大的价值。

3.6　引导新成员融入社群

社群新成员刚加入社群时，往往会有一点心理压力。由于其不认识大部分社群成

第3章　社群成员的招募与管理

员，社群新成员可能不知道该如何在社群中发言。于是，很多刚入群的新成员往往会选择"默默观察"。然而，"默默观察"久了，他们可能会越来越没有在社群中发言的意愿。这样一来，新成员即使变成老成员，对社群也只有疏离感，而没有归属感。因此，对于社群新成员，社群运营者需要用一些策略鼓励他们在入群第一周就主动参与群聊，参与群活动，打破陌生感。

▶▶▶ 3.6.1　引导新成员做框架式自我介绍

入群做自我介绍是最简单的破冰方法，可以让社群成员快速熟络起来。

然而，有些不擅长社交的人并不太会做自我介绍，虽然隔着屏幕，但他们在进行自我介绍时还是会显得比较局促，要么不知从何说起，要么抓不到重点。因此，社群运营者可以提供一个包含各种信息要点的自我介绍模板，让新成员在模板的基础上自由发挥。

例如，秋叶系高端社群提倡的"8个1"的自我介绍模板，这"8个1"分别是：1个红包、1个身份、1个权威、1个第一、1个数字、1个链接、1个感谢，1个礼物。其使用方法如下。

（1）1个红包：进群后先发1个感恩遇见的红包。

（2）1个身份：我是×××，有什么身份背景。

（3）1个权威：我做的什么事情得到了哪些权威的高度评价。

（4）1个第一：我做的什么事情得到了"第一"或"最好"的评价。

（5）1个数字：用数字表述我做的事情得到了什么样的成绩。

（6）1个链接：如果大家想要做什么事情，可以私聊我。

（7）1个感谢：特别感谢×××邀请我加入这个群。

（8）1个礼物：我准备了一个什么样的礼物，欢迎那些有×××需求的朋友私聊我。

不管采用哪种方式，社群运营者都需要让社群成员明白，在社群中做自我介绍，不能只介绍自己是做什么的，还要重点介绍自己能带来什么样的资源。如果一个人有产品，也有用户，那么他就可以成为别人的好产品的销售渠道，也可以让别人成为他的合作伙伴，这样，社群成员就能在一起完成资源互换，在市场上形成一个共振的小型生态系统，实现互利共赢。

▶▶▶ 3.6.2　集体欢迎新成员入群

对新成员入群后的欢迎词决定了新成员对社群的第一印象。

新成员入群时，可以让几个社群成员带头说一句正式或不太正式的欢迎词，并引导其他社群成员"列队"欢迎。一句欢迎词或许不太起眼，但是列队式的欢迎词可以让新成员感受到社群的热情。也可以在新成员自我介绍完毕时，让某个社群成员带头重复新成员的自我介绍中的一句话，并引导其他社群成员也依次重复这句话，从而让新成员的自我介绍呈现出"刷屏"的形式，以表示对新成员的欢迎。

▶▶▶ 3.6.3　赠送有社群特色的入群礼物

在新成员入群后，如果社群运营者能赠送给新成员一份有社群特色的入群礼物，可以进一步增强新成员对社群的好感。

一般情况下，入群礼物可以是含有社群名称、社群 Logo、社群口号的定制礼物，或者是能够代表社群形象的社群吉祥物，也可以是其他有价值的、有社群特色的礼物。秋叶系社群个人品牌 IP 营给社群成员寄送的入群礼盒如图 3-9 所示。

图 3-9　秋叶系社群个人品牌 IP 营给社群成员寄送的入群礼盒

▶▶▶ 3.6.4　积极回应新成员的第一次发言

新成员在社群内第一次发言时，社群运营者要积极回应，尽可能形成一场有质量的对话。这关乎新成员对社群的第一印象，也决定了他之后在社群内的活跃程度。

那么，如何回应新成员在群内的第一次发言呢？简单来说，就是多说正面的、积极的、肯定的话语，少说负面的、消极的、否定的话语。

因为人的潜意识会把正面反馈视为友善信号，而把负面反馈看作敌意信号。每个人都喜欢得到正面反馈，厌恶负面反馈。由于对新成员还不了解，社群运营者如果盲目指导或说教，则可能会给新成员留下"自以为是""好为人师"，甚至"片面无知"的印象。

因此，在新成员第一次发言时，社群运营者需要尽可能地表达自己对新成员的尊重、理解、认可、赞美。就算不同意他的观点，社群运营者也要表现出：我认真倾听了你的说法，理解你的情绪、感受、动机；我虽然不能完全认同你，但也部分肯定你。社群运营者在此基础上回应新成员，就能比较容易地做到进退自如。

▶▶▶ 3.6.5　邀请新成员参与社群的活动

社群运营的最好状态是每位社群成员都能将社群视为一个大家庭。这需要社群成员在社群内有归属感，而归属感需要社群成员通过自己的行动来获得。

社群成员需要通过付出行动来获得归属感，这并不难理解。社群运营者往往对社群的认可度比较高，归属感较强，有一部分原因是，他们从进入社群开始就在为社群"做事"——策划交流话题、引导成员交流、记录整理信息、回答成员的疑问、发布通知等。换个角度想想，如果一个新成员一进入社群就被鼓励去做一些能够帮助大家的事情，他是不是也更容易获得对社群的归属感呢？

具体如何做呢？社群运营者可以先了解新成员的个人技能和时间安排，建议对方在空闲时做一些有利于大家的事情，如主动记录社群内的重要消息、活动，分享给错过消息而在社群中询问的人。虽然这些都是烦琐的小事，但是这些小事能让新成员感到自己是社群的主人，而不是客人。整理重要消息，回答别人的疑问，总结优质内容，并将其分享给社群内所有的成员，这其实就是一种主人翁的意识。而且，这种付出会得到其他社群成员的感谢，这种情感上的鼓励又会激励新成员继续付出。

如果新成员有独特技能，社群运营者也可以建议他们利用自己的独特技能为社群成员做一些事。例如，擅长手绘的新成员可以为每一位社群成员绘制一个卡通版的微信头像，其他社群成员看到新成员为自己绘制的头像时，往往会表现出赞美和认可，这种积极的反馈会让新成员获得满足感和成就感。

▶▶▶ 3.6.6　引导社群成员积极展示才华和可对接的资源

在社群运营中，社群运营者需要让社群成员感受社群的价值，认为加入社群是有用的。这种有用并不仅仅体现在社群运营者能为他提供什么。一个社群内更大的力量集中在社群成员身上。社群运营者为每一个社群成员提供的价值，从某种程度上看是有限的；但是，社群内的其他成员可以把价值发挥到无限大。而且，一个人只有得到他需要的资源，才能与他人达成彼此都满意的合作。

假如，一个社群成员的职业是设计师。他刚进入社群时，就在社群运营者的引导下充分展示了自己的设计才华，那么，当其他社群成员有设计需求时，就会很容易想到他的设计才华，也就会更倾向于与他达成合作。而一旦达成合作，这位设计师就能感受到社群的人脉价值，继而会对社群的价值产生更多的认可，更愿意在社群内表现自己。

在实践中，社群运营者不仅要积极引导社群成员展示自己的才华，还要尽可能地为他们连接可对接的资源，让社群成员通过合作实现共赢。例如，秋叶系社群个人品牌 IP 营就将很多势能相近的不同知识领域的"达人""专家"聚集在了一起。秋叶大叔负责组织大家彼此连接，创造各种各样的合作机会，给大家带来很多资源，让大家的事业得到发展。因此，大家都比较认可该社群的价值，对社群的黏性很强。

▶▶▶ 3.6.7　群内资源对接案例定期汇总

很多人都希望社群有一个功能，那就是资源对接。而能够充分展示社群的资源对接功能的就是身边人的资源对接成功案例。

社群是一个各种人群聚合的地方。社群的主要价值在于社群成员间的资源合作。如果社群运营者能定期地把这些资源对接的成功案例进行整理，并积极展示出来，就可以提升社群影响力。加入社群的新成员也会由此知道自己将在社群内得到什么、用什么方式得到，因此会更倾向于在社群里积极展示自己，让自己融入社群。

在秋叶系社群个人品牌 IP 营中，有个社群成员叫小呆乐，她是一名普通员工。她每次听了别人分享的内容后就可以画出非常精彩的手绘作品，给社群成员留下了深刻的印象。凭着这手"绝技"，有很多社群成员加她为微信好友，跟她学手绘。后来，她不仅开设了手绘班，还因为自己的作品连接上了得到平台，成为张泉灵战队中的一员，参加了"得到"举办的"知识春晚"。这是一个成功的资源对接案例。这个案例激励了很多的社群成员主动在个人品牌 IP 营中展示自己的优势。

"愿意主动去做"是非常有效的驱动力。当看到了身边人的成功案例后，社群运营者或许不需要再做过多引导，其他社群成员就会积极地在社群中展示自己，积极融入社群，以期获得更多的机会。

3.7　劝退不合适的社群成员

社群运营者有选择社群成员的权利，对于不合适的社群成员，社群运营者应及时劝退。

劝退并不是将违规的社群成员移出群那么简单。在按照社群规则将社群成员移出群的过程中，社群运营者可能会发现，劝退社群成员是需要付出一些成本的。例如，找到违规的社群成员并将其移出群需要花费时间，这是时间成本；违规的社群成员被移出群后可能会产生怨言和怒火，甚至会对社群施加报复行为，社群运营者需要对此采取一定的措施，这是情感成本；如果违规的社群成员是 KOL 或活跃的社群成员，移出该社群成员可能会对社群的活跃度造成影响，这是活跃度成本；然而，如果不将违规的社群成员移出，就相当于默许该社群成员继续破坏规则，导致更多违规行为的产生，也就相当于在驱赶其他遵守规则的社群成员，这是决策成本。

因此，社群运营者如果想要把某个社群成员移出群，一定要先进行理智的思考，并找到充足的理由，用多个理由证明这个社群成员是不适合继续待在社群里的；再以合适的方法劝退该社群成员，并做好社群内的善后工作，以尽量减少损失。

▶▶▶ 3.7.1 劝退的判定

招募社群成员并不容易，劝退社群成员应理性且谨慎。那么，社群运营者应该劝退什么样的社群成员呢？

1. 不认可社群价值观

当社群成员不认同社群的价值观时，他在社群内会感到不适，更提不上归属感了。因此，一旦确定了社群价值观，社群运营者就需要用它作为筛选器，把不认同它的社群成员移出群，以免勉强相处而伤和气。

当然，社群的价值观应该是正向的、积极的、健康的。这样的价值观才会得到大多数社群成员的拥护，才会对大多数社群成员和社群的发展有利。

2. 无助于社群价值创造

社群的集体能量只有在持续的付出与索取的互动中才能源源不断地被创造出来。如果有人总是在社群内索取，而不愿意付出或没什么可付出的，那么，时间久了，等他索取够了，发现社群内没有价值可供他再索取时，他就会离开；相反地，如果有人希望在社群内成长，但他一直在社群内无偿分享知识，且得不到回馈，那么，他可能会感觉自己一直在被消耗，没有进步，他就会觉得社群对于自己的成长没有什么帮助，就会及时止损，选择退群。

因此，社群应倡导相互分享、彼此成就，提倡让价值索取者相应地付出，让价值分享者也能获得成长。否则，社群内的资源将会消耗殆尽，社群也就不复存在了。

基于此，无助于社群价值创造的社群成员，如低于社群势能标准的，或者不愿意在社群内分享知识、交流经验的社群成员，需要被及时劝退。

在某种意义上，对于社群来说，社群成员数量远不如社群成员质量重要。因此，社群运营就是想方设法留下高价值的社群成员，管理其他价值水平的社群成员。

对于不同的社群成员，社群运营者可以采取以下几种应对方式。

（1）长期"潜水"、不说话、不参加活动也没有转化的社群成员，可以判定为无价值社群成员，可以考虑劝退。

（2）做出发表低价值话题、在社群内争吵、对他人进行恶意的人身攻击、聊天内容含有违禁语言、讨论违禁话题、发送广告、恶意"刷屏"、发送不雅文字或图片等违反社群规则的行为的社群成员，可以判定为负价值社群成员，一旦出现，直接清退。

（3）有一定活跃度，但可能比较难转化的社群成员属于低价值社群成员。他们虽然不能直接为社群带来利益，却可以吸引更多人加入社群。因此，社群需要发挥他们的价值，不仅要保留他们，还要激励他们继续活跃，积极分享，以维护社群气氛和完成社群活动的传播目标。

（4）不活跃但愿意转化的社群成员，这类社群成员可能是高价值社群成员，社群运营者需要认真对待。他们不活跃的原因可能有两个：一是没时间；二是还在判断社群的价值。这两点都说明他们是有能力和意愿的社群成员，社群运营者需要挖掘他们的需求，同时提高社群的价值。

>>> 3.7.2　劝退的话术

经过理智的思考和程序的认定，确定了要劝退的社群成员，社群运营者就需要使用一定的话术来说服对方接受这个决定。即使是违规的社群成员，社群运营者也不能在没有与其沟通的情况下就直接将其"踢出群"。

劝退的话术应该包含以下3个方面的内容。

1. 罗列劝退缘由，理性劝退

社群运营者在决定将某个社群成员移出群的时候，首先要列举出该社群成员的违规行为，从而保证有充分的理由证明他不适合继续待在社群内。

在罗列违规行为的时候，社群运营者要注意审查是否有其他社群成员做出了同样的违规行为而得到了"谅解"。若有，社群运营者就不能以此来劝退社群成员，否则就会有"不能公平公正待人"的嫌疑。

只有在收集到足够的劝退缘由后，社群运营者才能去跟该社群成员沟通，对其说出劝退的决定。

2. 通知该社群成员，表达歉意

当列出了对方的违规行为之后，社群运营者就可以执行劝退程序了。劝退程序并不是直接将社群成员"踢出群"，而是先与对方沟通，经对方同意后，再将其"踢出群"。社群运营者在沟通过程中要做到以下3点。

（1）表达歉意。社群运营者不能因为对方违反了群规就"理直气壮"，而忘掉了人与人交往的基本礼仪。

（2）有理有据。要列出规定和对方的违规行为，让对方明白他是因何被移出群的。

（3）给予真诚的祝愿。一个人不适合待在社群内，并不代表他的能力欠佳。"君子交绝，不出恶声"，给予其真诚的祝福，好聚好散，才能体现社群运营者为人处世的能力。

3. 事不过三，再给一次机会

对于违规情节不是特别严重的社群成员，社群运营者也不必坚决地将其移出群。例如，对于发广告的社群成员、在社群内争吵的社群成员、长期"潜水"的社群成员，社群运营者可以在沟通过程中听取对方的解释，再给对方一次机会，可以把这次沟通当作一次警告，同时明确告诉对方，可以用什么符合规定的方法来帮助他实现目标。当然，如果警告无效，就需要将其移出群。

总之，社群运营者劝退社群成员时应保持理性，理智地对社群成员进行劝退，从而保证社群规则的公平性。

▶▶▶ 3.7.3　劝退后的群内告知

社群运营者需要树立一个注重规则、关心大多数社群成员利益的形象。因此，在将违规的社群成员移出群后，社群运营者需要在群内发个公告进行说明，具体包括以下4项内容。

（1）在什么时间将哪位社群成员移出群。

（2）该社群成员做了哪些不合适的事情，社群运营者是如何与他沟通的，他的反应如何。

（3）社群运营者对社群成员在对待群规的问题上有哪些期望。同时再次声明，遵守群规有什么意义。

（4）就某些多次出现的违规行为询问大家的意见，寻求适当的解决办法。

在这4项内容中，前2项表明"注重规则"，而后2项则是表明"关心大多数社群成员利益"的态度。

将违规的社群成员移出群并不能算处理完毕。这是因为移出群有时并没有解决问题。在社群运营者眼里，社群成员的某些行为是违规的，如群内争吵。但是，从社群成员的角度来看，他们争吵是因为他们觉得自己的权益、名声受到了一定程度的损害，或者认为对方在故意"找茬"。在这种情况下，社群运营者若只是将争吵者移出群，可能并不会有太大的作用，因为人和人之间总是会因为看问题的角度不同而争吵。

那么有什么办法能避免后续的违规行为呢？其实可以建立一种预防机制，在问题的萌芽阶段就着手将其解决。例如，社群运营者可以制作一份社群成员问题调查问卷，用来帮助社群成员管理情绪，具体可以这样操作：首先，每个星期五晚上，社群运营者在社群里向所有社群成员发放调查问卷，邀请他们填写在社群内遇到的问题；接着，收集问卷，整理问题并准备好回复，在第二天上午定时进行群内问题实时答疑。对于问题较多且问题解决起来困难的社群成员，社群运营者可以与其进行一对一沟通，先安抚其情绪，再解决问题；而针对反馈较多的同类问题、处理起来比较复杂的问题，社群运营者则需要在社群内更新问题的解决进程。

这种定期收集问题和公开沟通的模式可以让社群成员感受到被尊重和被重视，继而相信自己能够在社群内获得利益且不会遭受损失，从而愿意待在社群内，信任社群和社群运营者。

▼ 思考与练习

1. 社群成员如何配置？
2. 社群成员的引流渠道有哪些？
3. 如何在微信好友中找到匹配的社群成员？
4. 引导新成员融入社群的方法有哪些？
5. 如何劝退不合适的社群成员？

第 4 章
活跃社群的运营方法

【学习目标】
➤ 了解社群资料包、日报、分享等日常运营活动的策划与运营方法。
➤ 了解社群内的红包奖励、积分激励等策略。
➤ 了解处理社群内争吵的策略。
➤ 了解群聊精华的整理方法。

只有活跃度高的社群，才能持续创造出价值，才能让社群保持健康发展的状态。社群运营的核心工作是社群成员的活跃度运营，即通过红包、活动、福利等，从物质、精神两个层面激发社群成员的参与热情，形成社群归属感，从而打造出有价值、有热度、能变现的社群。

4.1　社群资料包的策划与搜集

资料包是一种基础的社群价值输出形式，可以作为社群福利分享给社群成员。不同领域的社群成员需要的资料内容不同。例如，学生家长喜欢用大量习题、试卷和知识点清单做成的资料包，职场人士需要的则是包含技能分享、行业报告等内容的资料包。

要想策划一个符合社群主题的资料包，需要做好以下几个方面的工作。

4.1.1　策划资料包的知识框架

假如把某个领域想象成一棵树，那么这个领域的重要问题就如同树枝，而不同的主题如同树叶，分属于不同的树枝。因此，一旦画出了某个领域的"知识框架树"，就等于构建了这个领域的全局视角。

一个系统化的"知识框架树"可由入门概念、基础知识、专业知识和训练方法 4 个部分构成。以学习演讲为例，其"知识框架树"的构建可以根据以下 4 个方面进行思考。

（1）入门概念。要明白演讲的基础概念，明白演讲和分享、演示、培训的区别。

（2）基础知识。要做好演讲，需要具备逻辑思考能力、沟通能力和写演讲稿的能力、会制作 PPT 等。

（3）专业知识。要了解如何发声、如何控制肢体语言、如何构建个人台风和选择演讲服装，另外还有其他各种细节，如演讲主题的策划、演讲内容的组织、PPT 的美化等，这些都可以理解为该领域的专业知识，这些知识也可以逐步细分，让"知识框架树"变得越来越"茂盛"。

（4）训练方法。训练方法是很多人容易忽略的。如何训练才能把这些知识转变成自己的能力？知识并不等于技能，技能是需要训练的，要训练就需要有一定的方法和流程，也必须达到一定的标准和训练量，甚至需要通过某种特定的考核。

基于以上 4 个方面的内容，即可确定资料包的知识框架。

这样策划的资料包对社群运营者来说有很多好处。首先，可以让社群运营者站在全局的角度安排社群运营的重点，一旦确定近期要输出什么内容，就能快速搜集相关资料，快速行动；其次，社群运营者在平时发现有用的素材后，可以将其贮存起来，在社群内做分享和交流时，就可以拿出来使用；最后，资料包可以分模块开放，从而让不同模块的资料包成为引流不同人群的"利器"，或者成为激励社群成员参与社群活动的福利。

▶▶▶ 4.1.2　资料包的搜集

在这个信息爆炸的时代，找到有用的信息并不容易。搜集资料包时，对信息的选择至关重要，社群运营者需要快速地搜集资料、去伪存真、抓住重点。这就要求社群运营者做好以下两个方面的工作。

1. 筛选

社群运营者在搜集资料时，需要先对资料进行筛选，这样才能避免搜集到质量差、不准确或重复的资料。对资料进行筛选时，应根据不同的情况使用不同的方法。

如果要搜集的是不太熟悉的资料，可以按照以下几种方法来筛选。

（1）看时间。尽量找一些时间距离现在比较近的资料，因为很多技术、很多知识都在不断更新，后人也会对前人的知识和经验做出更符合时代发展的总结。

（2）看官方认证。尽量找一些得到了官方认证的书籍资料。例如，一些出版社的新媒体账号会定期或不定期地推荐有价值的读物。

（3）看专家推荐。与其盲目地找资料，不如先找专家。社群运营者可以通过搜索找到专家的微博账号，然后从微博中找他们推荐的资料；也可以到知乎、微博等平台去寻找领域内的专家，看看他们推荐的资料。

（4）看延伸资料。书中往往有参考文献、信息来源或作者推荐等内容。社群运营者可以从相关书中仔细查找这些延伸资料。

如果要搜集的是熟悉的行业或专业的资料，社群运营者对此已经有一定的基础知识，这时就可以根据自己的知识去判断哪些信息是有用的，哪些信息是无用的，从而快速选取。

2. 整理

整理资料就是将资料系统化，这样不仅便于浏览，还方便检索；更重要的是，社群运营者能在整理过程中发现还缺少什么资料，然后按需补充。

▶▶▶ 4.1.3　资料包的更新

资料包并非越多越好，而是越有用越好。随着对社群成员了解的加深，社群运营者会掌握他们对资料包的需求，从而筛选出合适的资料包内容。

这意味着社群运营者需要定期对资料包进行更新。资料包的更新也是对资料包的一种筛选，筛掉无用的或者低价值的信息，留下真正有用的信息。

4.2　社群日报的策划与运营

社群日报是一种轻输出的内容。所谓轻输出，是以较低的运营成本高频输出有用的内容。

日报的价值核心是其为信息的合集，为社群成员节省了寻找信息的时间成本。而社群运营者只要经常关注所处领域的一些信息源，就能很好地完成社群日报的策划与运营。

▶▶▶ 4.2.1　日报的分类

日报的内容形式虽然多种多样，但推送时间是固定的，要么在早上，要么在午间，要么在晚上。按照推送时间的不同，日报可分为早报、午报和晚报。不同推送时间的日报在内容上也有差别。

1. 早报

早报的内容有很多种。社群定位和社群成员属性不同，早报风格也不同。

（1）励志资讯类早报

励志资讯类早报的内容大多是励志类文章，其篇幅不长，文章中往往涉及人生思考、人际关系、婚姻、家庭、子女、健康、房产、汽车等方面的内容。这类早报的形式多是文章链接，或者带有文字的图片，一般用于传统行业的社群、由中老年群体组成的社群。

（2）娱乐资讯类早报

娱乐资讯类早报往往用于由 18～30 岁的年轻群体组成的社群。早报的内容主要包括当前热门的电影、电视剧、综艺节目的评价及其背后的故事，文艺圈的大事小事，互联网前沿领域资讯内容等。这类早报的形式多种多样，可能是文章，也可能是图片，还可能是一段文字，往往还会搭配年轻群体喜欢用的表情包。

（3）干货类早报

干货类早报的内容主要包括行业技能、职业发展、行业前沿信息等方面的内容，通常以海报图片、签到领取资料等形式来展示，适用于知识付费群、行业交流群。

（4）问候关怀类早报

问候关怀类早报的内容主要包括天气、问候语、新闻等方面的内容，同时结合社群定位和社群成员属性进行近日活动提醒或活动安排。这类早报的形式有纯文字、图片等，甚至还会搭配一些小游戏。这类早报的适用面较广，大部分社群都可以使用。

2. 午报/晚报

午报和晚报的内容一般差别不大，多与社群输出的内容有关。这里介绍两种类型的午报/晚报：群聊精华汇总帖和社群事务汇总帖。

（1）群聊精华汇总帖

例如，秋叶系社群个人品牌 IP 营中，群聊信息有时一天会有上千条，而有价值的内容可能不多，很多社群成员表示一看到社群的消费就有"信息焦虑感"，看到提示未读信息的"红点"就害怕点开。于是，社群运营者可以设计一个"今日看点"栏目，通过收集、整理、提炼、排版，把社群内当日重要的通知、干货、分享内容、故事等信息结构化地展现出来，从而减轻社群成员翻看群聊记录的压力还能沉淀有用信息，让社群成员产生更多的收获感。

"今日看点"是一种适合很多社群在当日晚间推送或第二天午间推送的群聊精华汇总帖，其目的是方便社群成员翻阅或提取有用的信息。

（2）社群事务汇总帖

社群事务汇总帖不需要每天发，一般是一周发一次，在星期一晚上发送上周的社群事务汇总帖。社群事务汇总帖通常以文字的形式呈现，按时间顺序对各种信息进行简单介绍。社群事务汇总帖的模板可以参考如下内容。

【打招呼】各位群友晚上好，估计这会儿大家都没有那么忙了，我来汇报一下上周××社群的工作。

【时间】2020—11—16—11—22

【主题】××社群事务汇总

【按日期罗列各种信息】

- 11月16日，线上分享：（分享主题、分享观点）
- 11月17日，线下走访：（走访地点）
- 11月18日，课程首发：（××课程，首发成绩）

……

【社群口号】××社群，（社群口号）

【结束语】汇报完毕，有问题请随时联系我。

▶▶▶ 4.2.2　日报内容的筛选

下面以个人品牌 IP 营的"今日看点"为例来介绍一下日报内容的筛选方法。

在个人品牌 IP 营中，社群运营者汇总的信息主要包括以下 5 个方面的内容。

（1）个人纪念日，如"×××生日快乐！""×××新婚快乐！""恭喜×××第一次线下主持成功"。

（2）社群成员成绩通报，如书籍出版、课程上线、重大合作。

（3）平台活动通报，如"第××期已经顺利结营了，大家有什么收获和感受？欢迎给个人品牌 IP 营××专栏投稿"。

（4）栏目精华回顾，如"大咖"分享、每日一问、干货精华的汇总。

（5）内部福利发放，如"推出×××平台打造个人品牌影响力的绿色通道：关于'加 V'、问答'达人'、新手号转正……有需要的请尽快填写信息收集表"。

这 5 个方面的汇总有以下几方面的作用。

首先，"晒"每位社群成员的里程碑事件、合作成果，对参与的社群成员来说是鼓励，同时能起到再次展示他们个人形象的作用；对阅读日报的社群成员来说，则起到了激发他们参与欲望的作用，因为许多社群成员通常会选择默默关注大家的动态，向这些被"晒"出里程碑事件、合作成果的社群成员学习。

其次，这也在反复提示社群成员注意内部福利、优惠活动、干货等大家比较关注的信息，减少"刷屏"时间。清晰的提示信息能缓解社群成员信息过载的焦虑感。如果社群运营者能从群聊话题里提炼出干货观点，就会让很多社群成员从中受到启发，产生对社群的认同感。

当然，为了让每天的群聊内容都有价值，社群运营者也需要对社群成员的发言做出一定的约束，如"认真聆听，在其他社群成员表述完观点时，请不要插话，或故意打断其他社群成员的发言""在讨论问题的过程中，可以提出不同的观点，也可以坚持自己的观点，但不得对其他社群成员进行人身攻击，或恶意捣乱""一次发言不得少于 10 个字"等，以引导社群成员进行高质量的发言，逐步形成良好的社群发言习惯。

▶▶▶ 4.2.3　日报的整理

那么，如何整理日报呢？

一份日报一般包含以下 4 个方面的内容。

（1）封面板块，包含社群 Logo、日报主题、搜索关键词、整理人、日期等内容。

（2）目录板块，说明日报包含哪几项栏目，如"大咖"分享、每日一问、思维启发、日常趣事等。

（3）正文板块，按照目录显示的栏目在每一个栏目下放置相应的精彩内容。

（4）结尾板块，可以设置"日报档案"栏目，即将之前的日报链接做成合集，方便社群成员查阅。

以上内容整理完成后，即可按需设计一个日报模板，将内容展示出来。日报模板示意图如图 4-1 所示。

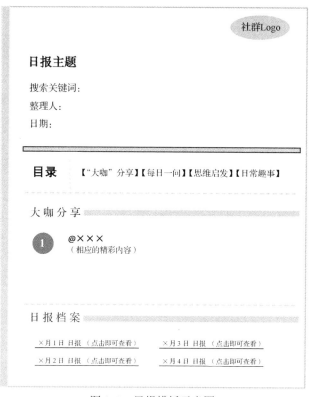

图 4-1　日报模板示意图

▶▶▶ 4.2.4　日报的阅读

为了方便社群成员查找和阅读，社群运营者可以为日报设计固定的栏目名称和固定的推送时间，并做出阅读引导。

1. 在指定时间发送

早报的发送时间一般是早上 7:00—9:00；午报的发送时间在中午 12:00 左右；晚报的发送时间是晚上 9:00—10:00。

例如，秋叶大叔的"和秋叶一起学"在每天早上 7:30 发布日报，个人品牌 IP 营"每日一问"的发布时间是每天中午 12:00 左右，写作特训营在每天中午更新前一日的群聊精华。

2. 做出明确的阅读引导

不管是什么类型的日报，都需要有明确的阅读引导。例如，个人品牌 IP 营就是在群公告中以"群聊精华入口：链接地址"的形式做出阅读引导，如图 4-2 所示。

图 4-2 个人品牌 IP 营的阅读引导

4.3 社群分享活动的策划与运营

社群分享活动是比较常见的社群活动，一般社群运营者先规划每周的 1～2 个主题，然后邀请不同社群成员或社群外的"大咖"来做分享，每次分享的时长为 1～2 小时。在分享时，社群成员可以一起参与讨论，在集体讨论中，社群成员会产生一种身份认同感，从而在心理上更加认可社群的价值。

要想策划与运营一场社群分享活动，需要考虑以下几个方面的事项。

4.3.1 寻找合适的社群分享人员

一般情况下，社群分享的方式主要有 4 种：社群运营者定期分享、"大咖"嘉宾"空降"社群分享、内部优秀社群成员轮流分享、社群成员的独家经验总结分享。不同的人做分享，社群运营者需采取不同的策划与运营方式。

1. 社群运营者定期分享

社群运营者定期分享，很容易得到社群成员的认可。不过，这种分享机制对社群运营者的要求很高，社群运营者需要有极高的威望，有号召力，且有源源不断的分享主题和充足的分享时间。

2．"大咖"嘉宾"空降"社群分享

"大咖"嘉宾"空降"社群分享，即请社群外的"大咖"或专家来分享。社群运营者需要在分享活动开始前几天就让分享嘉宾做好准备。有的分享嘉宾是社群运营者的长期合作伙伴，也有的分享嘉宾可能是突然收到邀请的"大咖"，与社群运营者并无太多交情。不管邀请的分享嘉宾与社群运营者的熟悉程度如何，这种外部嘉宾"空降"社群分享的模式都要求社群运营者有足够的人脉关系，能请来各路嘉宾"捧场"；或者社群有足够的能量吸引嘉宾来进行分享。

3．内部优秀社群成员轮换分享

如果社群成员的势能都很高，可以让社群成员在社群内做分享。例如，秋叶系社群个人品牌 IP 营是一个藏龙卧虎的社群，这个社群里可以做干货分享的人有很多。因此，个人品牌 IP 营的分享人员从社群成员中选择即可。

4．社群成员的独家经验总结分享

在社群分享活动中，社群成员喜欢看的往往是某一方面的经验总结。而要满足社群成员的需求，就需要有实际经验且成果丰富的人来做分享。例如，在个人品牌 IP 营中，因为橙为社群创始人邻三月每次策划在线训练营都非常成功，所以她可以在社群内做相关专题分享。

▶▶▶ 4.3.2　策划分享活动的环节

社群分享是提升社群活跃度的有效方式之一。要做一场社群分享活动，需要考虑以下几个环节。

1．提前准备

对于经验分享或专业知识分享，社群运营者需要先邀约分享者，请分享者就话题准备素材，并提醒分享者在指定时间内提交分享材料。同时，社群运营者要提醒分享者应该分享对大家有启发的内容，而不是只想借着分享的机会宣传自己。对于没有在社群内分享过的分享者，社群运营者需要提前检查他分享的内容的质量是否合格。

而对于话题分享，社群运营者需要提前准备话题，并就话题是否能引发大家讨论进行评估；也可以让大家提交不同的话题，由社群运营者进行选择。

2．反复通知

如果确定了分享时间，就需要在社群内反复通知几次，提醒社群成员按时参加，以免有的社群成员错过。如果分享活动特别重要，社群运营者还需采取"一对一"私聊的方式进行精准通知。

3．强调规则

每次在分享活动开始前，社群运营者都需要在社群内强调规则，这是为了避免

在分享过程中，新加入的社群成员因不了解规则而在不合适的时候插话，影响嘉宾分享。

如果是在 QQ 群中分享，社群运营者可以在说明规则后临时禁言，避免规则提示被很快地"刷"掉。

4. 提前暖场

在正式分享前，社群运营者应该提前取消群禁言，或者主动讨论一些轻松的话题，营造交流氛围。一般社群内在线的人越多，消息滚动的速度越快，越容易吸引更多的人围观。

5. 介绍分享者

在分享者出场前，主持人需要介绍分享者的专长或资历，并提醒大家进入倾听状态。

6. 引导互动

不管采用哪种分享模式，都有可能出现冷场的情况，所以分享者和主持人要提前制订引导互动的计划，而且要耐心等待，因为有的人在手机上打字的速度较慢。

一般情况下，社群运营者需要提前安排几个人负责引导互动。当在分享过程中发现互动气氛不足时，可以让安排好的人说一说提前准备的问题或看法，进行"你一言我一语"的讨论，这样就容易调动互动气氛。

7. 随时控场

若在分享过程中有人干扰，或者讨论与主题无关的内容，这时主持人需要与其私聊提醒，引导这些人遵守社群规则。

如果是在 QQ 群中分享，直接"小窗"沟通就很方便，必要时还可以用禁言的方式强制控场。但如果是在微信群中分享，操作起来可能会麻烦一些；而如果直接在群内提醒又会干扰分享者的发言。因此，社群运营者需要提前制订控场计划，安排合适的人员应对突发事件。例如，用特定内容"刷屏"控场，提前添加所有社群成员为好友，监控群内的情况，将干扰分享的社群成员临时"踢出"等。

8. 收尾总结

分享活动结束后，社群运营者要引导大家就分享内容做总结，鼓励他们在微博、微信朋友圈分享自己的心得体会。这样，分享的内容就可以体现出社群价值，也可以成为传播社群品牌的关键。

9. 提供福利

如果在分享活动结束后，向做出总结的优秀社群成员、用心参与的社群成员提供一些有趣的、有用的小福利，那么社群成员就会更加期待下一次分享活动。

10. 打造品牌

在分享活动结束后，社群运营者可以将分享的内容整理后在微博、微信等新媒体平台上发布、传播。这样，社群就可以通过频繁的分享活动来提升品牌影响力。

第4章 活跃社群的运营方法

▶▶▶ 4.3.3　制定分享活动的检查清单

依据分享活动的 10 个环节，社群运营者可以制定分享活动的检查清单，如表 4-1 所示，以确保活动的顺利开展。

表 4-1　分享活动的检查清单

序号	环节	准备要素
1	提前准备	邀约分享人
		内容沟通与审核
2	反复通知	确定分享时间
		群中通知的话术
3	强调规则	规则设计
		规则提示的话术
		小助手分工
4	提前暖场	暖场话术
		话题引导
5	介绍分享者	分享者资历、头衔、作品等相关介绍
		分享者照片或海报
		分享者具有代表性的文章或视频链接
6	引导互动	热场话术
		提前安排人互动
7	随时控场	制订控场计划
		提前添加好友
8	收尾总结	本次分享总结
		微信朋友圈、微博传播
9	提供福利	福利准备
		福利活动设计
10	打造品牌	将本次分享整理成文章或音频并在相应平台传播
		分享活动系列化

▶▶▶ 4.3.4　组织一场有效的分享活动

在此，以微信群为例，系统地介绍如何组织一场有效的分享活动。

1. 分享准备时

分享之前，社群运营者需要做好一些准备工作，包括人物角色、话题策划、预告文案、互动话术、时间预设 5 个方面的内容，具体如下。

（1）人物角色

在一场分享活动中，社群运营者需要设置 3 个人物角色：组织者、主持人及配合人。

- 组织者：如果现在有人提出一个好的话题，并且有自己的想法，一般来说就由其担任本期分享活动的组织者。
- 主持人：主持人的能力将直接影响活动的效果，因此不能随便找人担任主持人；在活动开始之前，主持人要做好充分的准备，了解各个环节，以更好地把控现场。
- 配合人：如果主持人是第一次主持，没经验，则需要一个有经验的人全程参与，一旦出现意外情况，配合人可以及时提供帮助。

（2）话题策划

每一场分享活动的流程可以固定，但话题则不同，需要认真策划。话题的选择基本上决定了分享活动的活跃度。所以，在策划话题的过程中，社群运营者需要遵守以下几个原则。

- 话题不能太宽泛、太沉重，要简单、易讨论，让社群成员可以随时参与。推荐好歌、好观点、好文章都是好话题。
- 设计话题的时候，可以考虑让社群成员多分享有益的经验，尽量避免分享自己做过的不好的事情，否则参与度很难提高。
- 话题设计要有情景感、参与感，如果是社群成员经历过的事情，他们就会积极地参与讨论。在秋叶系社群中，有一期分享的话题是期末备考的方法，社群成员的参与度就很高。
- 话题可以结合热点，更容易引发讨论。秋叶系社群有一期话题是如何在微信朋友圈投放广告，在这一期的互动讨论环节，大家都表现得特别活跃。
- 话题需要能调动社群成员的能动性。例如，"你的故事大家听""你的困难大家帮""你的作品大家赏"等类型的话题就能很好地调动社群成员的能动性。
- 对于社群成员不熟悉的话题，尽量采用封闭式提问方式；如果是社群成员耳熟能详的话题，则可以采用开放式提问方式。不同类型的话题应区分提问方式，这样可以让社群成员迅速找到回答问题的方向。
- 话题应只围绕一个方向深入讨论，这样更容易展开。
- 需要考虑话题的分享时段。有的话题虽好，但分享的时间不对，也会反响平平。例如，关于"整理"的话题，如果在放假期间分享就不太合适，但在开学或者临近考试的时候，大家就会意识到整理的重要性。

（3）预告文案

确定好话题之后，就要写预告文案，即在社群内说明即将进行一场分享活动。那么，预告文案需要包括哪些内容呢？下面是一个预告文案模板，可供参考。

标题：第××期分享来啦！

分享主题：这一期的分享主题是×××。

分享者介绍：关于分享者的简介，要侧重介绍其跟分享主题相关的内容。

分享主题的价值体现：提出跟分享主题相关的信息或问题，以体现分享活动的价值。

分享时间：分享时间尽量安排在非工作时间，如星期五20:00—21:00。

邀约结尾：邀请大家参加的文案，如"期待大家来交流！欢迎大家对这次交流过程进行记录、总结、分享"。

（4）互动话术

社群运营者需要按阶段准备互动话术，可参考如下内容。

- 开场：一般情况下，在开场阶段只需将预告文案重新发一次即可。
- 过渡阶段：即几个问题之间的衔接，需要考虑怎么说才可以让大家及时结束对上一个问题的讨论，进入对下一个问题的讨论。根据经验，比较自然的过渡方式是，主持人先简单总结对上一个问题的讨论，再加上自己的看法，接着再引出下一个问题。
- 提醒"刷屏"者：在分享过程中，可能会有人进行和主题无关的"刷屏"，如果分享的时间较长，可以允许社群成员发送少量的无关信息，但发送的无关信息渐多时，主持人则需要委婉地提醒"刷屏"者。
- 观点提醒：当有人说出比较偏激的消极观点时，主持人也需要委婉地提醒该社群成员，并巧妙地转移话题。
- 结尾：主持人以积极的话语对本场分享进行总结，并顺势引导社群成员进行记录、分享。例如，"今天的分享就要接近尾声了，大家的表现说明大家都在积极地思考。我相信就算是来不及'冒泡'的同学看见大家的讨论也一定会收获颇丰。如果觉得意犹未尽，你可以根据大家的讨论找其他同学'小窗'再聊。另外，欢迎大家对讨论过程中出现的好的故事、疑问、观点等进行记录、总结、分享"。

（5）时间预设

在整个分享过程中，社群运营者要把握以下3个关键的时间点。

- 通知时间。确定好分享的主题，并写好预告文案之后，接下来就要发布预告，告诉社群成员什么时间来参加讨论。一般需要进行3次通知：分享的前一天晚上、分享当天的早上，分享开始前一小时。这3个时间段是比较合适的通知时间。
- 互动时间。在每次的分享中，都需要注意明确互动时间，并提前提醒主持人、分享者安排好时间，以避免耽误互动问答。
- 不同问题的讨论时长。一般来说，每个问题的讨论时长为半个小时，如果大家对某个问题的讨论很热烈，主持人就可以适当延长对该问题的讨论时间。如果大家对上个问题的反应较为冷淡，则可以减少该问题的讨论时长，提早进入对下一个问题的讨论。

2. 分享进行时

在分享过程中，社群运营者要注意把握以下3个方面的内容。

（1）基本过程

若已经做了充分的准备，整场讨论就基本可以按照互动稿上面的内容进行，不过也需要注意根据情况进行适当变动。如一个问题的讨论时长是30～40分钟，可以视情况进行适当延长或缩短。

（2）引导互动和及时分享

如果发现缺乏互动，社群运营者就需要提醒安排好的人出面引导，带动气氛；如果出现大量发言，社群运营者需要快速阅读发言内容，并挑选出优质发言，及时将其分享到其他群。

（3）禁言

在结束对上一个问题的讨论，进入对下一个问题的讨论时，或者有重要的事情要通知时，社群运营者需要及时开启禁言，避免因为社群成员过度"刷屏"而导致重要的发言被"淹没"。

3. 分享结束后

分享结束后，社群运营者需要做好发言总结和活动总结。

（1）发言总结

发言总结，即对本次分享活动的发言进行汇总。基本格式如下。

标题（第×期分享·分享主题）

分享组织者：×××

分享时间：××××年×月×日××:00—××:00

分享内容：即对发言的总结

汇总完发言之后，可以修改汇总文档的标题，参考群共享中已经上传的文件，以便与前面的分享同步。确认无误后，再将汇总文档上传到群共享，同时在社群里发布通知，提醒大家及时阅读。

（2）活动总结

活动总结，即对本次分享活动进行总结。总结时要考虑几个问题：如果整场分享活动很成功，原因是什么？如果不成功，原因又是什么？应该如何去改进？总结结束后，将其发到由该分享活动的工作人员组成的管理群中和大家一起分享，供大家参考，然后吸取一下大家的意见，为下一次的分享活动积累经验。

4.4　社群打卡项目的策划与运营

打卡，原是指企业工作人员上下班时将考勤卡放在磁卡机上，以记录到达和离开企业的时间的行为。在网络上，打卡多用来表达正在为养成一个好习惯而努力，而社群打卡就是社群成员为了养成某个习惯而在群内公开承诺并持续执行的行为。

个人在社群内打卡，往往更容易养成一个好习惯。因为在社群内打卡，意味着一种公开的宣誓和承诺，意味着其为了养成某个习惯而准备接受社群成员的监督，代表"认真执行"的态度。

而对社群来说，全体社群成员共同为实现一个相同的目标打卡，既能提升社群的活跃度，也能增强社群的凝聚力，还能借助合适的打卡项目输出高价值的内容。

▶▶▶ 4.4.1 社群打卡的策划要点

要策划一个有趣的社群打卡项目，需要从打卡氛围和主题两个方面着手。

1. 营造积极的打卡氛围

在社群中要让诸多社群成员针对某个项目持续打卡，除了需要社群成员具备较强的自制力外，社群运营者还需要营造积极的打卡氛围。而要营造这一氛围，需要策划5个关键要素，具体如表4-2所示。

表4-2 营造打卡氛围的5个关键要素

关键要素	方法
榜样	每期都选出表现优秀的参与者，引导他们以优秀"学姐""学长"的身份参与下一期的打卡项目，使之成为参与新一期打卡项目的社群成员的榜样。
信心	社群成员互相点评、评分，让所有人都及时获得反馈，从而得到继续坚持的信心和动力
竞争	以小组的名义进行成果比赛，胜出的小组可以获得特定荣誉，如"先锋组"；所有社群成员也进行个人成果比赛，胜出者可以获得个人特定荣誉，如"个人先锋"
情感	鼓励社群成员积极表达，如讲述自己在某一段时间内坚持打卡的故事和收获
文化	设定促使社群成员行动的打卡文化，如"先完成，再完美""做一个极致的践行者""让自己变得更好"等

2. 策划参与度高的主题

打卡的方式有很多，社群运营者需要根据社群成员的需求策划参与度高的打卡主题。常见的打卡主题和打卡内容如表4-3所示。

表4-3 常见的打卡主题和打卡内容

打卡主题	打卡内容
早起	在群内任意发布一个与早起有关的打卡项目，可以是早起做早餐、早起锻炼、早起学习、写晨间日记等
阅读	在群内发布一项阅读内容，可自由选择阅读书籍，可利用"拆书"、提炼金句、写读后感等方式做阅读输出
画画	在群内发布与画画有关的内容，如以群内任意一人的微信头像作画、简笔画、素描、彩铅画、水彩画、油画皆可，画风不限
分享	以15～30分钟的"语音分享"的方式轮流在群内分享，分享内容可以是图书、电影、掌握的某种有用的技能、生活技巧等
烹饪	每天在群内分享自制美食的相片，并用文字描述烹饪过程，大家互相评分
写作	社群成员在读完书、听完课之后，思考有哪些内容是自己用得上的，以及该怎么去用，然后根据自身实际情况列出清单，并发到群内

▶▶▶ 4.4.2　社群打卡的运营要点

很多社群为了提升社群活跃度，使用了早起打卡或任务打卡的方式。在社群发展早期，打卡可以激活社群，营造互相激励的氛围。但是，随着社群的成长，打卡的人越来越少，其活跃社群的作用自然也越来越弱。那么，社群打卡应该怎样操作才能延长新鲜期呢？做好社群打卡项目的运营，需要注意以下几点。

（1）打卡项目应有一个大家感兴趣的主题，如一起背单词、一起早起、一起晨跑等。如果打卡主题不是大家感兴趣的主题，自然就难以形成"我们要一起打卡"的社群氛围。

（2）打卡项目要简单可操作。有的社群鼓励每个人早起念一段英文，这个项目看起来简单，其实难度很大。首先，早上这个时间段对很多社群成员而言不是参与社群活动的合适时间，因为早上时间紧张，对于上班或上学的人来说，压力比较大，也不方便随时拿出手机来操作。其次，社群成员要提前准备一段英文，还得朗读出来并录制成音频，再发到微信群，操作起来较复杂。

（3）打卡项目要尽量有交互性，让大家乐于参与。有的社群让每个人早起用一句话表达今天的心情。这个要求虽然不高，也没有什么限制，但有的人就是写不出来，并且交互性不强。如果把早起"晒"心情改成"晒"今天让你心情变好的事情，如"晒"今天的美妆、今天的晨光、今天的早餐、今天给宝宝穿的衣服等，顺便加一句引导互动的话语，就能引起其他社群成员的互动。

（4）打卡的形式可以多元化，不一定要强调人人打卡。例如，在"雨滴种草群"中，大家每天都主动回复每日一问，这也是一种打卡形式；又如，在李忠秋老师的结构思考力社群中，大家每天都坚持用李忠秋老师讲的方法，结构化地总结今天的工作，这也是一种打卡形式。

（5）打卡也可以错时进行、默默参与。一些工作繁忙的人往往做不到每天在指定的时间打卡。对于这样的人，社群运营者可以先引导他们每天都进群看一看，这其实也是一种有益于社群的打卡方式。例如，在拥有很多企业家的社群中都有小助手做"新闻早知道"栏目，内容组织得很好，很多企业家早上有空顺便看一看，他们并不在群里说话。这个栏目表面上参与度不是很高，但实际上它是一种借助群扩散的微媒体，只要内容整合得当，社群里的人就会坚持看，如果突然不更新了，他们就会出来问："今天的新闻怎么没有了？"当然，"新闻早知道"模式，只有在主题明确、社群运营者能够围绕这个主题搜集及编写优质行业信息的社群中，才能被用来培养社群成员的阅读习惯。

（6）积极参与打卡的社群成员需要被激励。有的人打卡积极，有的人打卡不积极，有的人需要激励才愿意参与。有的打卡平台支持社群成员互相为彼此的打卡点赞，做打卡排行榜，这就是把游戏化思维引入打卡的体现。

此外，要想让每个人都愿意参与打卡，还需要在打卡方法上不断创新。例如，可以在每天打卡的人中按某种随机规则翻牌，给翻到的人发福利；可以给打卡天数达标的人发一枚社群勋章或发一个红包等。

4.5 社群在线联欢活动的策划与运营

当社群运营一段时间，形成比较活跃的氛围后，社群运营者可以考虑在线上组织一些大型联欢活动，以进一步增强社群的凝聚力。特别是对于有服务期限的学习型社群来说，社群运营者在服务期结束前几天，组织一场在线联欢活动，可以起到很好的打造口碑的作用。

社群运营者可以结合一些特别的节假日，在群里开展一些社群成员联欢活动，让社群成员展示出自己的另一面，以增进彼此之间的了解，如个人品牌IP营的"线上春节晚会"。社群运营者也可以根据社群的属性，把一些综艺节目"搬"到社群中来，例如，风靡一时的《超级演说家》《奇葩说》《开讲了》等热门综艺节目引发"演讲热""辩论热"的时候，剽悍行动营就组织了以演讲为主题的"Talking演讲争霸赛"、以辩论为主题的"DDMaster争霸赛"等全营级竞技类特色活动，以帮助大家巩固学习成果。

在此仍以个人品牌IP营的"线上春节晚会"为例，介绍如何策划和运营一场在线联欢活动。

▶▶▶ 4.5.1 个人品牌IP营的"线上春节晚会"

如果社群的联欢活动都放在线下举办，成本会很高，组织难度也较大。如果借鉴"春节联欢晚会"这样的形式，把联欢活动放在网上举办，情况就不一样了。

在某年年底，个人品牌IP营2期刚好结束了3个月的新鲜期，个人品牌IP营的社群运营者就思考是否可以利用春节这个契机，举办一场全国社群首次"线上春节晚会"。

举办"线上春节晚会"时没有先例可循，没有成功经验可以借鉴。个人品牌IP营的社群运营者面临的挑战是巨大的。这一系列问题都需要自己去寻找答案：节目从哪里来？如何控制成本？如何在单一的微信群中举办多元化的活动？如何策划多样化的互动形式来吸引社群成员积极参与？采取什么样的表现形式可以达到更好的娱乐效果？

个人品牌IP营的社群成员、有多年线下媒体活动组织经验的孙莉蔓想到一个办法：个人品牌IP营2期有近500名成员，可以采用"众筹"的方式解决节目来源的问题，而且社群成员表演节目的顺序可以借鉴微信创始人张小龙提出的"用完即走"理念，该理念可理解为"随时集结，来之就演，演完就走，想留就留"。

通过这个办法，个人品牌IP营在短短一个月内众筹了40多个节目。在除夕夜，社群成员齐心协力完成了一场社群"线上春节晚会"。参与的社群成员超过95%，全程参与的人数超过300人，组委会共发红包88次，全场红包数保守估计在2000个以上，且大部分红包是社群成员为感谢"线上春节晚会"组委会精心策划了这场晚会，营造出了浓厚的联欢氛围而发的。联欢活动的最后一幕是全国10个"分舵"社群以真诚的祝福、温暖的笑容，向个人品牌IP营的社群运营者、社群成员拜年。

▶▶▶ 4.5.2 在线联欢活动的运营步骤

这场"线上春节晚会"的运营过程分为以下 4 个步骤。

1. 成立社群"线上春节晚会"组委会

为了打造这场首届社群"线上春节晚会",社群运营者和热心社群成员根据组织线下联欢活动所需要的组织架构,成立了个人品牌 IP 营"线上春节晚会"组委会,并单独建群,明确了组委会成员的具体分工,要求组委会成员在"线上春节晚会"开展过程中全程在线,另有 29 名个人品牌 IP 营成员主动加入"线上春节晚会"组委会。

在孙莉蔓的带领下,组委会按导演组、宣传组、执行组、奖品组、记录组分工合作。导演凯珊每天在组委会群内通报各组的筹备进度,秋叶大叔、萧秋水、邻三月等社群核心成员全力出谋划策。

组委会构成:组委会任命了 2 名组委会会长、1 名技术顾问、1 名总统筹、2 名主持人、1 名组委会秘书长,同时设立了 5 个小组分别负责具体的事项。

（1）导演组:负责整体晚会的创意、串联、呈现;审核内容（节目）和形式（抽奖与互动）;其中,1 名现场导演专门负责维护晚会的"现场"秩序。

（2）宣传组:负责晚会的宣传;对内的宣传渠道是微信公众号和社群;对外的宣传渠道是微博和微信朋友圈。

（3）执行组:主持人 2 名,催场人 2 名,抽奖人 2 名。

（4）奖品组:为加强社群成员之间的互动,由奖品赞助者和得奖者协商领奖方式（自提或邮寄）,奖品组主要负责统计、联络、反馈等工作。

（5）记录组:建立调度中心（组委会群）、演员后台（表演者群）,每天统计并汇报工作进度,并负责记录整场晚会。

在此分享一个小经验:在执行过程中,可以采取群内接龙的方式降低统计和沟通成本。个人品牌 IP 营"线上春节晚会"的口号、表演节目、奖品都是通过群内接龙的方式快速确定的。

2. 众筹适合在线表演的节目单

线上社群这一虚拟化的舞台,极大地增加了表演者的表演难度,并对节目的呈现方式提出了更高的要求,组委会在社群中征集了歌曲演唱、诗歌朗诵、精彩小视频、在线猜谜等节目。

组委会首创"线上后台""线上彩排",对每个节目进行多次彩排,并尝试分析观众的感受,最终确定最优方案。晚会当天,组委会借助喜马拉雅 FM、全民 K 歌、荔枝FM 等多个平台对应呈现相关的节目,确保社群成员在微信群里能欣赏所有节目,避免了在不同平台之间跳转导致注意力转移的问题。

组委会对整场晚会的所有环节都提前进行了 5 次以上的排练,力争每个环节环环相扣,并针对突发情况设计了多种紧急备用预案。

组委会群策群力,制作了如下类型的节目。

（1）趣味配音短视频,如经典视频再配音、魔术表演短视频、才艺表演短视频。

（2）在线"K歌"：可以现场在微信群内演唱，也可以提前用各种软件录制好播放。

（3）各地方言模仿秀及社群成员语音模仿。

（4）两地或多地多人合唱或合作诗歌朗诵。

（5）全国各地社群成员祝福视频。

（6）有奖猜谜：表情包猜成语、名字接龙造句、"大咖"投票结果竞猜等。

（7）幸运大抽奖，礼物由社群成员提供。

组委会针对每个节目提前设计了节目背景介绍、表演者故事、节目花絮等备用内容，用来衔接各个节目，活跃现场气氛。

3. 提前暖场

很多社群成员平时不太喜欢被打扰，不会及时留意群消息，而且活动时间定在除夕夜，如何让社群成员在全家团聚的时刻，在线参与社群的活动呢？

首先，消息知晓率需达到100%，让每个社群成员知道有"线上春节晚会"这个活动。组委会按一定的节奏组织晚会口号投票征集、节目征集、赠礼接龙、文案及海报推送。在一波又一波消息的推送中，每个社群成员都反复接收到"个人品牌IP营要举办线上春节晚会"的信息，并强化了"我要去参与"的念头。

其次，"线上春节晚会"组委会推出了新闻发言人，每日发布"线上春节晚会"进展；还推出了"全民推广线上春节晚会计划"，用九宫格海报、长图、单图、长文等形式，在微博、微信公众号、微信群、微信朋友圈等掀起一波又一波的"刷屏"式宣传。

归纳起来，暖场的方法有以下几种。

（1）发布倒计时海报。

（2）提前剪辑幽默祝福视频，定时推送。

（3）提前安排奖品海报，每天抽奖预热。

（4）发布正式节目单和表演名单海报预热。

（5）"线上春节晚会"新闻发言人每天在社群发布最新消息、发红包预热。

（6）通过社群的官方微博、微信公众号发布相关信息。

4. 强化控场

线上活动和线下活动一样，需要社群运营者严格控场，确保表演者提前在线，控制表演时间，以及活跃气氛。"线上春节晚会"最吸引人的地方不在于"看"，而在于"玩"，所以在"线上春节晚会"设计的过程中，组委会更多地围绕 "有趣""好玩""互动性强"这几大关键词来思考方案。

为了确保联欢活动举办成功，组委会做了以下安排。

（1）提前安排多轮线上彩排，包括单节目小彩排、按环节类别彩排和全程大彩排，这些彩排都在组委会群中进行。

（2）组委会要求节目表演者在节目表演前后的30分钟内一直在线；社群运营者一对一邀请与表演者关系密切的2位朋友捧场，此环节保障了每个节目在表演时都有90~100人实时参与。

（3）组委会请表演者自己设计互动方案，在表演时给大家带来有惊喜的互动。

（4）组委会安排专人在节目中场期间发大红包活跃社群气氛。

（5）为了避免互动"刷屏"影响节目效果，整场节目的评论都要求发布在一个微信小程序中，组委会安排专人负责挑选可能让大家开怀一笑的评论，并让其"上墙"。

（6）组委会委托善于制作表情包的社群成员为"线上春节晚会"制作专属表情包，随时发到群中。

（7）组委会为本场晚会设置了主、副主持人。主主持人负责控制晚会节奏；每个节目都分配了专门的副主持人，他们负责播放节目、推送用于讨论的小程序，以及引导大家讨论，以活跃气氛。

（8）组委会还提前准备了很多应急预案。例如，让表演者预留手机号，便于催场时的应急联系；对重要节目准备了录播，以防表演者因为所在地的网络问题无法及时在线；如果表演者不能及时出现，还准备了互动游戏；对所有资料都进行了备份，若发生意外，导演组和执行组可以使用备份资料。

5. 锦上添花的小游戏

下面分享几个在"线上春节晚会"中锦上添花的互动小游戏。

（1）趣味抽奖

当个人品牌 IP 营要组织"线上春节晚会"的消息发出去以后，就有社群成员主动提出愿意赞助奖品，此想法得到了很多社群成员的响应。据初步统计，短时间内共征集到 1436 份奖品，奖品覆盖率达到 200%。这些奖品自带个人品牌 IP 营的特色，如 Angie 的 28 天时间管理特训营名额、李忠秋老师的 21 天改变思维训练……还有具有地方特色的或新奇有趣的奖品：狗不理包子礼盒、神秘的苏州美食、东北豆包酸菜和粉条、精选进口葡萄酒……

社群成员共计 493 名，这次活动却有 1436 份奖品，为了公平、有效地分配奖品，组委会想到了抽奖分配。最后确定的抽奖分配方案如下。

- 保证每一位社群成员都将免费获得一份奖品。
- 保证有付出的人优先选取：表演者、组委会和小助手团可以优先选取奖品（若有多重身份，只可领取一份）。
- 晚会积极互动者抽奖：在"线上春节晚会"当天的多个时间段，定向投放 200 份奖品，任何人都可以参加抽奖。
- 预热和节后狂欢抽奖：在除夕夜、正月初二、正月初三晚上，都安排了大约半个小时的抽奖互动，每次发放 50 份奖品。

（2）投票征集"线上春节晚会"口号

"线上春节晚会"口号由个人品牌 IP 营的全体成员投票选取，社群"大咖"有一次"以 1 抵 10"（1 票 = 10 票）的投票机会，全体成员投票结束以后，组委会统计票数，得到投票结果，确定投票结果的公布时间。在投票结果公布当天，以竞猜的方式引导社群成员互动，猜中最终口号的人可获得红包奖励。

（3）骰子配对抢红包

主持人说一个数字，社群成员发骰子动图，骰子静止时展示的数字和主持人说的数字一样就可以抢红包。

（4）你的名字我知道

每个人用除了自己以外的任意一位或几位社群成员的名字或昵称造句；句子需要用到对方的名字或昵称，但不能当人名使用，以鼓励社群成员互动。

4.6 社群表彰大会的策划与运营

很多人之所以喜欢待在社群里，是因为在优质社群里总能看到别人的进步，从而激励自己。所以，社群运营者除了平时及时肯定为社群做了贡献的社群成员之外，还应该集中召开社群表彰大会，增强社群成员对社群的认同感。

那么，如何召开表彰大会呢？需要做好3个方面的工作：评选维度、记录和统计、表彰大会的运营。

4.6.1 评选维度

社群表彰成员评选的依据应该围绕社群成员进步、促进社群成员情感连接和参与活动、分享有价值的经验、社群成员发生特别值得恭喜的大事4个维度来统计。例如，在个人品牌IP营，以下这4个维度在月度总结中要特别统计。

（1）社群成员进步。发现社群成员获得了一定的新成绩，如开发了微课、出版了新书、成功开发了线下培训课程等，这都是重点表彰的内容。

（2）促进社群成员情感连接和参与活动，如为社群成员谋取了福利，为社群成员提供帮助，在线上、线下组织社群成员积极参与活动等。

（3）分享有价值的经验，如向社群贡献的金句最多，积极参与每月活动，主动向社群成员分享有价值的经验等。

（4）社群成员发生特别值得恭喜的大事，如社群成员结婚、生子等人生大事、喜事。

4.6.2 记录和统计

表彰大会是有固定的开展频次的，如一月一次。因此，社群运营者需要在平时做好表彰人物的信息记录和统计，具体步骤如下。

（1）根据社群聊天记录、社群成员发布的微信公众号文章或微信朋友圈动态等搜集表彰内容素材。

（2）在表彰大会召开前一周，在群内通过表单的形式收集社群成员的成果事件，避免遗漏。

（3）在表彰大会召开之前，对所有素材进行复查，表彰事件的真实性、数据的准确性、当事人是否愿意曝光等都需要和当事人核实。

完成上述3步工作之后，才能确定当期表彰大会上要表彰的人物和事件。

▶▶▶ 4.6.3 表彰大会的运营

为了顺利召开表彰大会，社群运营者需要做好以下几个方面的工作。

（1）提前制定月度表彰主题，所有内容的呈现都可以围绕这个主题展开。

（2）表彰大会也需要准备主持人串词、"大咖"表彰词、表彰奖状，以确保各个环节紧张有序，总时长控制在1小时左右。

（3）需提前通知被表彰人在线，但可以不告诉他们获得了什么奖项，给他们惊喜。表彰后请他们现场发表感言，这样做的目的有两个：一是激励更多的社群成员，二是给被表彰者一个表达感谢的机会。

（4）表彰大会开始前3天发布预热海报，吸引更多的人在线参与。

（5）现场要安排人控场，随时准备"@被表彰的人"。

（6）表彰奖项公布后，需要把设计好的奖状私发给当事人。这样做的目的有两个：一是给当事人荣誉感和仪式感；二是很多人会将奖状转发到朋友圈，从而扩大社群的影响力。

（7）一次表彰大会不可能表彰所有有成绩的人，如果发现有遗漏，需要及时安抚被遗漏的社群成员。

总之，召开表彰大会的主要目的是借助榜样的力量激励社群成员积极参与群内活动，增强社群成员对社群的认同感。如果是一个长期运营的社群，一个月或两个月召开一次表彰大会比较合适。因为若一个季度召开一次，时间间隔太长，不足以持续激励社群成员；而若一周召开一次，可能表彰的成绩有限，缺乏内容。但短期运营的训练营也许预设运营时间都不足一个月，如21天训练营或更短的7天训练营等，这时社群运营者只需要在运营时间末举行表彰大会即可。

4.7 社群的红包奖励策略

发红包也是活跃社群氛围的一个特别有效的方法。一些"死气沉沉"的社群，只要有人在群内发红包，社群的氛围一般立即就会活跃起来。不管是什么的社群，社群成员一般都喜欢抢红包。

但是，在社群内也不能没有理由地随意发红包。发红包要因势利导，最好的发红包状态不是只有社群运营者发红包，而是社群成员互相发红包；社群运营者也不是给每个人都发红包，而是要把红包发给为增强社群凝聚力、品牌力、输出力做出贡献的人。

归纳起来，社群运营者在社群内发红包可以采用以下策略。

▶▶▶ 4.7.1　设置发红包的规则

发红包的规则很多，常见的规则就是"先发红包再发广告"；或者红包接龙，抢到数额最大的红包的人接着发双份。在此分享一些比较有趣的发红包规则。

（1）分享红包。邀请一些社群成员做群分享，分享完让大家用红包评价——如果大家觉得内容有足够多的干货，就给分享者发小额红包以表示感谢。

（2）任务红包。例如，某学习分享群有这样规定："惩罚措施：每日没完成任务的社群成员发小额红包。奖励措施：社群运营者定期向未完成任务的社群成员收取小额红包，每月完成率为 100%的社群成员平分红包。"

（3）禁言红包。社群内还有一种特殊的发红包规则，有的社群成员违反了规定被禁言，看到群中的交流非常活跃想插话，这时就可以主动发红包请求解禁。

（4）定向红包。例如，秋叶 PPT 团队在给平安 QQ 群做线上辅导时，规定谁完成了作业就给谁发定向红包。这种定向红包的特点是公开的，通过奖励优秀社群成员来激励其他的社群成员。

（5）含义红包。如果资金不多，只能发小额红包，那该如何让社群成员印象深刻呢？一个方法是，在节假日所有人都群发祝福时，社群运营者可以发数字有特殊含义的红包，如 6.66 元、8.88 元。借着带有祝福意味的数字，哪怕只有 1.68 元，也会给人"礼轻情意重"的感觉。

▶▶▶ 4.7.2　找个合适的发红包的理由

社群运营者发红包不能"任性"，需要有一个理由。

有的社群运营者每天早上发一个小红包，美其名曰活跃气氛，最后导致一群人每天早上默默抢完红包就走，而另外一群人可能会被每天早上到小额红包的发言打扰，然后愤然离群。因此，这样发红包是不合适的。

中秋节、国庆节、元旦、春节，在这些喜庆的日子发红包，大家花时间抢红包，互相说祝福，大家都开心。如果有喜讯、有好事、有"大咖"入群、有重要通知，发个红包活跃气氛，吸引大家的注意力，也是不错的方法。

在秋叶系社群里，秋叶大叔发红包，总是有合适的理由，具体如下。

@秋叶：大家现在禁言一下，我发 5 个 69 元红包定向感谢 5 位社群成员，以体现本群价值导向，大家看看都有谁？

第 1 个红包给颜敏：每天整理群分享，尽量让大家阅读更方便，辛苦了！

第 2 个红包给猫叔：充满正能量，还分享了好多干货。

第 3 个红包给 Scalers：他的观点犀利，能启发大家思考，我们欢迎有深度的辩论，君子和而不同。

第 4 个红包给邻三月：她为了主持分享活动做了很多幕后工作。

第 5 个红包给蔬菜：我们鼓励他这种对群里发言做深度总结并将其在微信朋友圈分享和扩散的做法。

在发红包时，把理由说清楚，能让大家明白在社群内做什么样的事才能得到红包奖励，继而激励大家多做对社群有益的事情。

▶▶▶ 4.7.3　选择合适的发红包方式

一般情况下，社群运营者发具有一定含义的红包，产生的效果更好。

（1）签到红包：新人入群可以发签到红包。

（2）喜事红包：自己有了开心的事情可以给每个人都发红包。

（3）抽奖红包：如手气最佳或第一个打开红包的人得一箱饮料。

（4）积极互动红包：如果需要社群成员回答问题，或者在社群需要暖场时，有人回答一个问题，社群运营者就可以发一个奖励红包。

（5）专属喜庆红包：如在某人生日、结婚、生子、新媒体账号粉丝破×万时发的庆祝红包。

（6）感恩红包：社群里有人为自己答疑解惑，主动发专属红包，以表感谢。

（7）节日喜庆红包：在重要的节假日，大家主动发红包。

（8）加餐红包：如中午发个"加蛋红包"、晚上发个"夜宵加杯酸奶红包"。

（9）超出预期大红包：如有的社群成员分享了对大家来说特别受用的小技能，发一个大额红包激励他。

（10）私发红包：不在群里发，而是一对一发私发红包以表示感谢。

红包要变着花样发，大家才有新鲜感。大家在发红包的过程中会激发无穷的智慧，花样会越来越多，在这个过程中，大家的情感连接也会越来越强。毕竟，不喜欢的社群，谁愿意没事儿在里面发红包呢？

此外，如果总是社群运营者发红包供大家抢，大家慢慢会形成一种习惯，觉得就应该社群运营者发红包供大家抢，其实好的社群应该是大家互相发红包。

为了营造这样的氛围，社群运营者在个人品牌IP营内选了一些成员做打赏官，社群运营者主动给他们一些用来发红包的费用，要求他们看到好人好事时，在社群运营者没有注意到的情况下，主动给大家发红包。社群运营者需要邀请一些"高势能"的人做打赏官，也要安排一些相对"势能低"的人做打赏官。

▶▶▶ 4.7.4　设置合适的红包金额和数量

社群运营者发红包的目的是活跃气氛，因而需要设置合适的红包金额和数量。

红包金额不能太小。因为抢红包也是要花费时间和流量成本的，人们抢到几分钱的红包时，懊恼感比惊喜感要更强烈。

那么，发大额红包好不好呢？一般而言，也不建议发大额红包。对不喜欢占别人便宜的人来说，无缘无故抢到大额红包，也是一种精神负担和压力。而且，在陌生人多的社群里，更不建议任性发大额红包，因为没有感情基础的红包，发得再多也换不来大家的喜爱。

因此，若只是为常见的事情发红包，金额就不需要太大。发红包时采取多人随机分配的方式，就可以活跃群内气氛。

到底要发多少个红包呢？红包的一个运营规则就是"抢"，一般不需要"人人有份"。假如一个群有 500 个人，让 50 个人抢到就已经很好了，没有抢到的人也多了一个话题。但是如果群规模很小，群内成员都是自己的朋友，这时就要做到人人有份。

▶▶▶ 4.7.5　在正确的时间发红包

有的社群运营者发红包时不注意时间。例如，在工作时间发红包，红包就会被很多专注于工作的成员忽略。就算有人在工作时间抽空抢了红包，但打开一看金额较小，结果可能不仅没有抢到红包的喜悦感，还会因占小便宜耽误工作而懊悔，以后可能就不会积极参与抢红包，红包的激活效应也就无从谈起了。

经过观察和总结，一般在早上发红包的效果不好，因为大家马上要进入工作状态，没有心情互动。而在中午和下午临近下班时、晚上 9 点后、节假日大家都空闲的时间发红包，效果会比较好。

而在夜间发红包要注意，临近睡觉的时间最好不要发红包，因为这样很可能会吸引很多睡不着的人参与发红包，然后大家一兴奋就更睡不着了，并且怕错过下一个红包，结果影响社群成员的正常作息。

如果要发通知红包，就先发通知信息再发红包，而且过一会儿要补发一次通知，否则抢红包的消息会直接把通知"淹没"掉。

4.8　社群的积分激励策略

设计积分体系是一种有效的保持用户黏性的策略。很多行业都会推出相关的积分制度与用户互动，如签到获取积分、消费累计积分、积分兑换礼物。社群也可以借用积分体系来维持社群的活跃度。社群成员对社群的关注、在社群中发言都是需要付出时间成本的，而社群成员付出时间成本后，需要获得正向反馈来完成这个动作的闭环。而积分体系就起着不断促使社群成员在社群中保持活跃的作用。

▶▶▶ 4.8.1　积分体系的设计过程

如果希望通过积分体系刺激社群成员保持活跃度，那么，社群运营者就需要设置一些门槛、任务以刺激社群成员产生互动行为。当把这些门槛和任务细化到具体行为时，就能形成合理的社群积分体系。

基于这一思路，在社群中，积分体系的设计过程包括以下 5 步：制定积分获取规则、设置积分数值、设置积分的有效期、制订积分的消耗规则及设计积分排行榜。

1. 制定积分获取规则

社群运营者可以从社群成员在社群所处的阶段的角度来制定积分获取规则，具体内容如下。

（1）在新成员招募阶段，社群成员的自主分享、推荐是一个非常重要的新成员获取渠道。因此，可以在这个阶段发放较多的积分来刺激社群成员分享、推荐。

（2）在新成员入群阶段，由于新成员已经通过各种渠道进入社群，而如何让他们留在社群内，并保持活跃，是这个阶段需要考虑的主要问题。因此，社群运营者需要设计带有积分奖励的新手任务，引导他们快速熟悉社群的功能，帮助他们认识社群的核心价值。通过完成新手任务获得积分是新成员第一次真正付出努力，并且期望通过行动获得回馈的过程。由于新手任务对每个社群成员来说仅有一次，社群运营者需要通过积分奖励来吸引他们的注意力，所以新手任务和积分应当相辅相成，不能辜负新成员的期望。

（3）在社群成员留存阶段，社群运营者需要把关注点放到社群成员的关键行为上。也就是说，社群运营者在进行积分体系设计的时候，首先要对关键行为及环节排序，然后再进行积分的权重设计。例如，把社群成员的行为进一步细分为日常任务行为、核心任务行为、不定期任务行为等，并为不同的行为分配不同的积分数值。用高积分刺激核心任务行为，用能够持续领取积分的日常任务行为来提升社群成员的日常活跃度，同时用可以快速获取高积分的不定期任务的行为来增强社群的趣味性，这样社群运营者就可以完成社群成员留存目标。

（4）在社群成员价值激活阶段，社群运营者的目标是鼓励社群成员通过分享等方式在群内进行价值输出，为社群做贡献。这就需要罗列出分享内容和分享效果，经过排列组合后，再来制定积分获取规则。

2. 设定积分数值

积分数值从某种程度上看，其实是营销预算，因而不可盲目设定，需要计算出每个行为对应的分值，且计算出一个社群成员每日获取的积分上限，以及大概的分配和发放比例，然后再以此建立基础模型。

一般情况下，积分和实际货币有一定的兑换比例，一般是 10∶1 或 100∶1，这样的比例可以让社群成员较为容易地意识到积分的价值。

3. 设置积分的有效期

设计积分体系的时候，还需要注意设置积分的有效期，一般情况下就是自然年或自然月，社群运营者需定期提醒社群成员继续获取积分或消耗积分。

如果不设置有效期，社群成员在后期可能就会有很多积分，这将会导致两个方面的风险：首先是社群运营者无法预估社群的营销预算；其次是社群成员的积极性没有通过物质奖励或精神奖励及时得到反馈。

设置积分的有效期意味着积分要定期归零。定期归零意味着社群成员需要在指定的期限内消耗完所有积分，或兑换产品，或兑换优惠券。督促社群成员消耗积分的直接理由就是积分要过期了，从而引发他们产生"沉没成本心理""厌恶损失心理"。因此，积分的定期归零有助于销售产品。这也是一到月末或年底，销售产品类社群的销量就会暴增的原因。

当然，如果想要快速提高产品销量，社群运营者也可以在前期尽可能多地发放积分，并督促社群成员消耗积分。

4．制定积分的消耗规则

积分本就是为消耗存在的。有吸引力的消耗规则也能反过来增强社群成员获取积分的意愿。

积分对社群运营来说，其意义是激励社群成员，而对社群成员来说则意味着具有类似于货币的价值。因为足够的积分能兑换产品或代金券。从这个角度看，消耗规则是否有吸引力的关键在于社群成员能用积分兑换到什么样的产品，以及这些产品是不是他们想要的。

如果社群成员用积分兑换到了他们想要的产品，他们就会更愿意通过行为去不断地获取积分。所以，社群运营者可以通过构建积分商城的方法来完善积分的消耗规则。在积分商城中，社群成员可以兑换线下活动入场券、无门槛代金券、社群的相关产品，参加线上抽奖、慈善募捐，或者获得某些产品的使用特权等。

5．设计积分排行榜

用积分兑换产品可以看作物质奖励，而积分排行榜能触发社群成员的"比较心理"，起到精神奖励的作用。因此，在设计积分体系时，不妨也设计一个社群成员都可以看到的积分排行榜，以此来激发社群成员获取积分积极性。

▶▶▶ 4.8.2　积分体系设计的注意事项

社群运营者在设计积分体系时需要记住以下几点。

（1）积分是对活跃社群成员和潜在活跃社群成员的激励，而不是纯粹的福利。

（2）积分的获取必须是可控的，且是有上限的。例如，每天发言能获得的积分是有上限的。没有上限的积分获取规则，容易出现漏洞。当社群成员的总积分接近上限时，要有适当的机制刺激其消耗积分，以达到供需平衡。

（3）在日常运营中，要注意严格监控社群成员的积分变化，如果遇到一些不正常的积分变化情况，要及时进行干预，避免有人以不正当的手段"薅羊毛"。

（4）为了提升社群成员的活跃度，社群运营者可以适当地调整积分体系，但是不建议频繁地大幅度调整，否则会丧失社群成员对其的信任。

（5）积分不仅可以激励社群成员积极参与社群活动，还可以作为社群对社群成员的关怀和回馈，如生日关怀、加入社群的周年纪念礼物、节日的问候等。在这些时间点主动赠送社群成员更多的积分，能让积分体系的激励效果更明显。

总之，设计积分体系是社群活跃度运营策略，并不是所有的社群都需要设计一套积分体系，但对需要长期运营的社群来说，设计积分体系是必备的活跃度运营方式。

4.9 处理群内争吵的策略

再友好的社群，偶尔也会出现争吵。有的争吵源于社群成员和社群成员之间的矛盾，社群运营者若处理不好，会影响社群成员对社群的看法。有的争吵是社群成员对社群运营者的不满，社群成员为此在社群里公开表态，若社群运营者太强势，会失去"民心"；若不强势，又控制不了局面。社群运营者需要尽可能地做好运营和服务，争取把争吵消除在萌芽阶段。当然，在现实生活中，人和人因为看事情的角度不同很可能产生分歧。因此，社群运营者还需要掌握一些处理群内争吵的策略。

▶▶▶ 4.9.1 社群成员之间发生争吵的处理策略

社群中发生争吵是很常见的。一般情况下，如果没有产生恶劣影响，社群运营者做好社群成员的情绪疏导即可。发生争吵的原因一般都不是什么原则性问题，只是社群成员一时情绪失控，社群运营者不要火上浇油，最好的方法就是转移话题，给社群成员台阶下。例如，发一个红包说"午餐加个蛋"，自然有人心领神会，参与抢红包，帮社群运营者转移话题。

但是，如果在争吵过程中出现直接的人身攻击，社群运营者需要立即站出来主持公道。不论谁对谁错，都必须让社群成员明白，这种行为在社群里是不允许的。

如果是社群里有影响力的人之间发生争吵，处理起来就要更谨慎，社群运营者应站在社群运营的全局视角去评估问题，暂时不要就事论事解决矛盾，先缓和双方的情绪，以免双方积累更多的不满。

社群内发生争吵时，社群运营者可采取的有效的处理方法如下。

（1）发现有矛盾时，不要立刻在群里表态，以免被双方看作"拉偏架"，吃力不讨好。

（2）发现有争吵的苗头时，先转移话题，让大家冷静下来。社群内的很多争吵都不是因为大是大非，只是一些小问题，要想解决问题，平复情绪很重要。

（3）马上询问可能了解情况的人，了解争吵双方是否之前就有矛盾，有时，双方在社群内发生争吵只是借题发挥，社群运营者需要冷静判断解决问题的难度。

（4）先私聊弱势一方，安抚其情绪，再在群里公开安慰双方。

（5）客观、公正地看待双方的矛盾，在对争吵的起因的对错判断上不偏向任何一方。这里的操作要点是：陈述事实和自己的感受，不偏向任何一方，不添油加醋，要实事求是，可以尝试站在第三方的角度分析双方的立场、逻辑和预期，引导双方换位思考。

（6）对于正确一方，向其陈述在社群内争吵会带来的负面影响。这时可以用示弱的方式请对方支持自己的工作。

（7）对于错误一方，分析争吵带来的弊端，随后请错误一方给对方道歉。

（8）大事化小，小事化了，别做过多的解释。一旦处理完毕，就用积极的话题"刷屏"，把争吵和负面情绪的影响冲淡。

（9）事后，为避免双方在群内再起争端，可以单独和争吵双方再沟通，但不要在群里再次提起。

▶▶▶ 4.9.2　恶意找碴儿的处理策略

有时候，社群运营者并没有错，但是有些人对社群运营者的期望值过高，在群内表达自己的不满。此时，社群运营者一般可以针对对方提出的不满之处做出恰当的解释。具体方法是先表示理解对方的情绪，再具体解释。

但是，如果对方态度极差，不听解释不讲道理，社群运营者就可以判定对方在恶意找碴，可以直接将其移出群。

还有一种情况，如果一个人的恶意找碴儿行为引起公愤，社群运营者只需要在群内简单解释，即可马上将其移出群。这样大家反而会认为这个群有人管理，会更认可。而如果在采取行动之前，"找碴儿者"已经在群内说了一些有误导倾向的话语，为了避免不明真相的社群成员受到误导，社群运营者需要先同核心运营团队沟通，说明自己想要将对方移出群的理由，请大家理解和支持；然后再将"找碴儿者"移出群，随后立即请核心运营团队的诸多成员帮忙向社群成员解释，争取大部分社群成员的认同和理解。

▶▶▶ 4.9.3　运营失误的处理策略

社群运营者也会犯错。若因为社群运营失误而引起社群成员的不满，社群运营者就需要立即认错，以表达歉意，真诚地承认自己的错误是化解矛盾的最好方法。

如果是在付费社群中社群运营者失误，可能还会引起社群成员要求退费，这时，社群运营者可以按照以下3个步骤处理失误。

首先，表示歉意，不推卸责任。

其次，立即全额退款，并额外发红包再次表示歉意。一定要额外给一些福利，以表示歉意。

最后，不要在群里指责退群成员。如果失误引起了比较大的影响，可以借此公开道歉并提出改进措施，请大家支持。当然，公开道歉之前，可以先与有影响力的社群成员一对一沟通，以争取他们的理解和支持。

4.10　群聊精华的整理与保存

在社群里，不管是"大咖"的分享，还是社群成员之间的问题交流和经验分享，每天都会产生大量的信息。这些信息既数量繁多，又零散无序，其真正价值不容易被发现。社群运营者如果能够去除干扰信息，对内容进行分段整理、提炼，甚至进行一定程度的整理加工，就会让这些信息更有阅读价值，并得到有效传播，从而成为社群的知识财富。

▶▶▶ 4.10.1 群聊信息的整理原则

整理群聊信息，浅层的目的是方便社群成员搜索和阅读，提升社群成员对于社群的感知价值；而深层的目的是让零散的群聊内容变成社群的知识财富，让社群能够展示出更大的能量。基于这些目的整理群聊信息，从某种程度上，也是整理和管理知识。整理之道也就不再是简单地收集和罗列，而是按照一定的方法进行有序的总结。

1. 分类存储

对群聊内容进行分类并存储有两个好处：首先是方便查询和阅读，其次是方便简单整理和细化整理。

一般而言，可以根据社群的主题和主要活动来设计不同的模块，如信息共享、经验交流、读书分享、社群故事、管理专区等。这些模块可包含的内容如下。

（1）信息共享。不同的社群主题集合的是需求不同的社群成员。社群运营者可以结合社群主题或社群成员的需求，定期从各个渠道收集一些信息，形成一个定期更新的信息共享库。例如，在职场新人的社群中，社群运营者可以在这个模块下，设定"时间管理""职场沟通"等子模块。

（2）经验交流。经验交流包括社群成员的日常交流及"大咖"在社群内或在线下活动中的分享交流。在交流过程中可能会涉及行业知识、技能经验及社群成员的兴趣、需求等内容。社群运营者需要对这些内容加以系统化的整理，并再次将其细分类别后归类并保存起来。

（3）读书分享。读书与学习是很多社群都会策划的线上活动。让社群成员在特定的时间内阅读完一本书，之后在指定的时间在群内进行交流和分享。在这个过程中产生的信息经过整理后就可以保存在"读书分享"模块。另外，在这一模块下，还可以设置"荐书""书评"等跟读书相关的子模块，以进一步挖掘读书活动的价值。

（4）社群故事。社群故事是一个记录社群成员的成长过程和社群发展历程的模块，不需要每日更新，但要着重记录一些群内大事，如群内的各种评选活动、社群成员的成果展示及社群的重要纪念日（如年会、周年庆）等。

（5）管理专区。管理专区的内容包括社群运营的日报、周报，运营团队的各类会议纪要、社群活动的策划与经验总结等。这个模块只对社群的核心运营团队开放。

通过以上模块的整理，社群内的各种信息基本上就可以被分类存储起来，从而形成社群的知识库。

2. 定期整理

分类存储信息后，社群运营者还需要定期对社群内的各种信息进行整理，包括归类、精简、加标签、加序号，以提升信息搜索效率。

（1）归类

归类就是按照预先的分类，将内容放置在对应的类别中。对于一些暂时无法明确类别的内容，社群运营者可以先设置一个"临时文件夹"，将无法归类的内容暂存在里面。等当日的整理任务完成之后，再认真整理这个"临时文件夹"中的内容，将里面

的内容妥善安置到对应的类别中。

（2）精简

大多数社群都追求较高的活跃度，希望很多人参与话题讨论。而参与话题讨论的人越多，记录整理的难度也就越大。因此，在活跃社群中整理聊天内容时，首先要删减无关文字，如重复的文字、对说明主题意义不大的文字，以及群聊时常出现的符号、表情、时间等，都需要在整理的时候删除；其次，在整理记录的某人的发言时，要注意删除其他人说的干扰信息，以免影响大家对重要信息的理解。

经过整理的文字，只有做到内容清晰、重点突出，才能引起社群成员的阅读兴趣。

（3）加标签

加标签就是为文档添加搜索标签或关键词，以提高搜索效率。

（4）加序号

加序号能够让搜索更便捷。在文件和文件夹前加上序号，就能使文件夹有一定的顺序，更方便查找。

3. 提炼摘要

一般建议为文档和文件夹写摘要。文档的摘要可以放在正文前，文件夹的摘要可以是一个摘要版文件，用来概括文件夹的内容。

摘要能够让人们快速了解文件或文件夹的内容，并快速判断出哪些内容自己想看、哪些内容可以不用看。有摘要的内容，因为能够有效节省阅读时间。而没有摘要的内容，可能导致以下4个问题。

（1）对于阅读者而言，其可能会因为翻看了一部分内容但不太感兴趣，而觉得全部内容都没什么用，便不再浏览，从而错过自己需要的内容。

（2）对于整理者而言，其可能会觉得大家都不愿意看自己精心整理的内容，而失去对整理工作的积极性。

（3）对于社群而言，知识库中的内容都没有摘要，会导致社群成员查找时耗费时间和精力。

（4）由于没有提炼摘要的习惯，信息多是散乱的，利用信息制作的推广内容可能也会缺乏吸引力，从而影响社群的运营。

根据社群内的群聊信息提炼摘要并不是一件难度很大的事情，只要按照一定的逻辑将部分信息组合成合适的段落即可，具体方法如下。

（1）提炼关键问题。通读要提炼摘要的所有内容，找到内容要解决的关键问题，用一句话将其提炼出来。

（2）提炼观点。将群聊信息中的全部观点找出来，每个观点用一句简短的话概括出来。

（3）组合问题和观点。将提炼的关键问题和观点组合在一起。

此外，还有一种情况：一份群聊信息包含多个问题。对于这样的群聊信息，只需要提炼出每个问题（不必提炼观点），然后将这些问题组合在一起，即可得到这份群聊信息的摘要。

▶▶▶4.10.2　精华内容的编辑

社群运营者整理群聊的精华内容，很大程度上都是为了提高阅读量，引发后续的分享和交流，从而增强社群的影响力。因此，在将群聊信息进行整理与归类后，社群运营者还需要将精华内容以一种有效的形式呈现出来，这就是排版应该完成的任务。要设计有吸引力的版式，社群运营者需要做好以下 3 个方面的工作。

1．分段落

大段的文字会让人阅读困难，且无法引发阅读兴趣。内容较多时，社群运营者需要将内容按照一定的逻辑分为几个段落，并配上有吸引力的小标题。一般情况下，3行或 4 行文字为一段是最合适的。

2．调格式

不管是在新媒体平台上发布还是利用石墨文档、腾讯文档分享，都可以对内容进行字号、字体颜色、间距等格式的调整。一般情况下，一篇文章使用的字体颜色不宜超过 3 种。

3．图文搭配

无论将内容上传到哪个平台，为内容添加合适的配图都会让其更具有吸引力。添加合适的配图要注意两点：一是图片要与内容相匹配；二是图片要放在合适的位置。

▶▶▶4.10.3　精华内容的集中保存

精华内容经过编辑后，除了将其分享至新媒体平台（如微信公众号、今日头条、微博等）外，还需要将其集中保存在指定的位置，如百度云盘、石墨文档、腾讯文档等。

集中保存有 3 个优点：首先是通过循序渐进的方法能打造社群的知识库，沉淀社群的集体智慧；其次是便于管理和查找；最后是拥有丰富的知识库也是社群吸引力的表现。

当然，在集中保存精华内容时，还需要采取统一的标准和命名规范。在社群运营人数足够的情况下，最好能设置专人负责精华内容的规划和管理。

▽　　**思考与练习**　● ● ●

1．如何设计社群资料包的知识框架？
2．简述策划社群分享活动的方法。
3．在社群内发红包有哪些注意事项？
4．设计积分体系有哪些注意事项？
5．如何处理不同情况下群内的争吵？
6．简述整理群聊信息的原则和方法。

第5章
社群线下活动的策划与执行

【学习目标】
➢ 了解社群线下活动策划期的工作内容和方法。
➢ 了解社群线下活动筹备期的工作内容和方法。
➢ 了解社群线下活动宣传期的工作内容和方法。
➢ 了解社群线下活动执行期的工作内容和方法。
➢ 了解社群线下活动复盘期的工作内容和方法。

要想延长社群的生命周期，连接线上和线下必不可少。从短期来看，社群的线下发展能为社群成员与社群成员、社群成员与社群之间提供进行深度交流的机会，从而增强社群的凝聚力。而从长期来看，社群成员从线上到线下的互动连接可以完成二次传播，辐射到更多的人群，也可再转移到线上。社群辐射范围从网络到现实再到网络的循环扩展，能为社群的持续发展形成良好的闭环。社群线下活动的策划与执行共分为5个时期：策划期、筹备期、宣传期、执行期、复盘期。

5.1 策划期：线下活动策划书的策划与撰写

有些社群采取的是公司化运营模式，其线下活动的资源和资金充足，并且由有经验的专业团队运作，因而成功率较高。但是有的社群不是公司化运营，他们的线下活动运营团队由社群成员组成，而社群成员大多没有举办线下活动的经验，也不清楚活动流程，从而导致活动开展得不顺利。没有专业活动运营团队的社群在开展线下活动时，尤其要注意策划期的工作。

▶▶▶ 5.1.1　撰写线下活动策划书

开展线下活动前，写一份完整清晰的活动策划书能够帮助社群运营者从全局的视角把控整场活动，从而做到心中有数，有节奏、有计划地开展活动。

线下活动策划书应该包括以下几个部分的内容。

（1）活动运营团队名单。

（2）工作权责与任务分配。

（3）活动内容：活动名称、活动基调、活动主题、活动目的、活动日期、活动地点、参与人员、参与人数、分享嘉宾（如果有嘉宾）、活动环节等。

（4）重要的时间节点的安排。

（5）物料、场地、嘉宾安排。

（6）宣传方式与报名方式。

（7）费用说明。如果是收费活动，需要说明怎样收费及制定费用的依据。

（8）奖品设置。如果有奖品，需要罗列奖品。

（9）合影及后续推广安排。

▶▶▶ 5.1.2　编制线下活动进度表

对线下活动时间、成本和质量的把控，能体现出社群的活动运营团队的效率和专业性。所以，在策划期还需要制作线下活动进度表，如表5-1所示。

表5-1　线下活动进度表

××社群××活动进度表						
制表时间：2021年3月16日　　制表人：×××　　活动时间：2021年4月16日						
编号	阶段	工作内容	开始日期	结束日期	周期	进度
1	策划期	成立活动运营团队	3月15日	3月15日	1天	0%
		拟定活动策划方案，确定活动时间	3月16日	3月17日	2天	0%
2	筹备期	拟定分享嘉宾	3月16日	3月17日	2天	0%
		讨论活动策划方案，修改并确定活动方案	3月18日	3月19日	2天	0%
		邀请嘉宾，成立嘉宾群	3月20日	3月21日	2天	0%
		拟定活动赞助方案，讨论并确定方案	3月22日	3月24日	3天	0%
		洽谈赞助合作，接收赞助礼品	3月25日	3月31日	7天	0%
		讨论并确定场地和收费标准	3月25日	3月27日	3天	0%
		组建活动群（所有与会者都加入）	3月28日	3月28日	1天	0%
3	宣传期	制订宣传计划	3月28日	3月28日	1天	0%
		制作活动海报、活动文案、活动短视频	3月29日	4月2日	5天	0%
		社群关联新媒体平台开始第一轮宣传	4月6日	4月7日	2天	0%

编号	阶段	工作内容	开始日期	结束日期	周期	进度
3	宣传期	社群关联新媒体平台开始第二轮宣传	4月10日	4月10日	1天	0%
		社群关联新媒体平台开始第三轮宣传	4月14日	4月15日	2天	0%
		活动报名期	4月6日	4月15日	10天	0%
4	执行期	与主持人对接活动流程	4月14日	4月14日	1天	0%
		确认物料和礼品已到达场地	4月14日	4月14日	1天	0%
		确认报名的社群成员和嘉宾邀请函的发送结果	4月14日	4月14日	1天	0%
		向所有与会者发送活动参加通知和注意事项	4月15日	4月15日	1天	0%
		会场布置，设备调试	4月15日	4月15日	1天	0%
		活动正式开始	4月16日	4月16日	1天	0%
5	复盘期	收集所有与会者的反馈	4月17日	4月17日	1天	0%
		寄送礼品	4月18日	4月18日	1天	0%
		团队内部复盘	4月19日	4月19日	1天	0%
		总结复盘内容，提交资料归档	4月20日	4月21日	2天	0%

▶▶▶ 5.1.3 团队分工

由于社群类型不同，线下活动的内容也会不同，相对应的团队分工也会有所区别。在此，参考秋叶系社群线下活动的团队分工，制作了一份团队分工示例表（见表5-2），社群运营者可以根据具体活动的需求，增加或减少相应的工作内容。

表 5-2 团队分工示例表

小组	负责环节	工作内容
外联组	场地管理	1. 筛选符合活动要求的场地
		2. 场地洽谈预约，建立场地资料库
		3. 场地设备确认及现场设备管理（设备：投影仪、话筒等）
	嘉宾管理	1. 嘉宾邀约，向嘉宾介绍社群（统一对外介绍文案）
		2. 嘉宾预约，确定分享主题与时间
		3. 与嘉宾沟通各个环节的内容
		4. 确定嘉宾要分享的文稿与PPT
活动支持组	引导签到	现场签到、与会者信息采集、引导与会者入场、为与会者分发物料
	设备管理与调试	负责现场设备的管理和调试，与主持人和嘉宾沟通播放要求

小组	负责环节	工作内容
活动支持组	活动拍摄	1. 拍摄活动过程中有代表性的场景
		2. 提前设置好机位，录制整个活动过程
		3. 拍摄活动结束后的合影
	活动主持	1. 介绍活动主办方、活动主题、嘉宾
		2. 掌控活动流程，活跃现场气氛
线上工作组	活动的统筹工作	1. 策划方案、把控活动的流程
		2. 负责活动的整体规划与安排
	群管理	1. 接待参与活动的与会人员（答疑，告知时间、地点等）
		2. 收集社群成员的意见并反馈给负责人（如期待的分享主题、活动建议等）
	推广	1. 在社群关联新媒体平台进行宣传
		2. 社群活动主题关键字搜索排名优化
		3. 引导嘉宾利用其线上资源推广，如微博宣传、微信公众号宣传、微信朋友圈宣传
		4. 活动结束后在微博、公众号、视频号、抖音等新媒体平台进行二次传播和分享
	复盘总结	1. 整理社群成员、嘉宾的反馈和总结
		2. 组织活动运营团队对整场活动进行复盘，完善最初的方案
		3. 输出复盘报告

5.2 筹备期：线下活动筹备的 4 项工作

一般建议一场小型的线下活动至少提前 3 个星期开始准备，做到心中有数。大型的线下活动则需要更长的策划准备时间。

在筹备期，要做好以下 4 项工作。

▶▶▶ 5.2.1 邀请嘉宾

一场线下活动若想有吸引力，就需要有"大咖"嘉宾在活动中进行干货分享。因此，邀请嘉宾出席线下活动是筹备期需要完成的第一项工作。

社群运营者需要先找到与社群基调相符的目标嘉宾，然后再与其联系，最后达成合作。如果社群能量足够大，可以直接向其发出合作邀请；如果社群能量不够，可以先与嘉宾建立联系，循序渐进地与其培养感情，加深了解后，再表达合作意愿，这样成功率会更高。

与嘉宾建立联系的方法有以下 3 种。

1. 通过新媒体平台和目标嘉宾建立联系

在互联网时代，联系目标嘉宾相对从前来说更容易了。

如果目标嘉宾在微博平台上比较活跃，社群运营者可以通过微博与其互动，使其对自己有印象，然后通过微博私信邀请其担任嘉宾；或者到与目标嘉宾相关的微信公众号留言、发评论，先与之建立联系，再进行邀约。

那么，如何做才能提高通过在新媒体平台留言联系"大咖"的成功率呢？社群运营者可以考虑先用有价值的内容吸引对方。通常情况下，可以先针对他们发布的内容在评论区写写自己的看法或建议。如果质量足够高，评论就能被"大咖"看到。吸引到他们的注意后，社群运营者再进行自我介绍并真诚地表达合作的诉求，一般都能收到对方的回应。

整个联系与合作的过程应该是循序渐进的。在实际操作中，社群运营者可以先派专人与目标嘉宾从接触到了解再到深度沟通交流，将弱关系转化为强关系，然后邀请他在社群内进行线上分享。已经有了线上分享的嘉宾也要维护好，以便再邀请他到所在城市的线下活动中担任嘉宾。

如果有可能，在后续的合作中，目标嘉宾可以成为社群的签约线下讲师。社群运营者在线上对其进行统一的包装和推广，然后再让其成为线下的面授讲师。高质量的讲师资源与社群捆绑后，社群成员与社群产生的互动连接也会越来越多，效果也会相对更好。

2. 有钱出钱、有力出力

除了借助新媒体平台建立联系之外，社群运营者也可以考虑出钱购买目标嘉宾的产品或出力参与目标嘉宾发起的活动来建立联系、赢得好感。

（1）有钱出钱

出钱就是成为目标嘉宾的付费客户。成为目标嘉宾的付费客户有以下两个好处。

首先，能给予目标嘉宾认同感。付费意味着社群运营者愿意为目标嘉宾的付出买单，也认同目标嘉宾的某些观点。

其次，让目标嘉宾有信任感。社群运营者成为目标嘉宾的付费客户，目标嘉宾对社群运营者的信任感自然而然就建立起来了。对于后续的商业合作，建立信任感是一个好的开始。

（2）有力出力

如果出力，得出精力、出劳力、出巧力。

首先，出精力。如果想将弱关系转化为强关系，比较好的途径就是主动参加目标嘉宾发起的活动，创造和目标嘉宾交流的机会，渐渐稳定和目标嘉宾的关系。

其次，出劳力。社群运营者可以帮目标嘉宾解决一些琐碎杂乱的小事情，如打印资料、协助参加活动的人签到等，让目标嘉宾对社群运营者产生好感，提升对社群运营者的信任度。而后，当社群运营者请他们帮忙的时候，他们一般也会很乐意帮忙。

最后，出巧力。出巧力就是通过熟人的引荐与目标嘉宾建立联系。

3. 投资自己，打造好口碑

掌握了上述方法或许可以在短期内联系到一两位嘉宾，但从更长远的规划来看，社群运营者需要一步一步地扩大社群的影响力，才会有更大的话语权。这样，需要洽谈合作时，社群运营者才能向目标嘉宾承诺更有价值的回报。这才是吸引目标嘉宾与社群建立长期稳定的合作关系的重要因素。

当社群规模还比较小的时候，社群运营者需要用心对待每一次合作，不断提高自身的专业度，让运营团队的力量变得更强大，让社群变得更有影响力。只有自己足够优秀，才能吸引更多优质的合作方。

▶▶▶ 5.2.2 寻找赞助商

为线下活动寻找赞助商的一条基本原则是"互惠互利"：社群获得赞助方提供的资金或物资，赞助商则得到他所期许的商业利益。只有基于"互惠互利"的原则，社群与赞助方才能展开沟通和合作。

寻找赞助商时，社群运营者需根据目标赞助商的需求，结合活动资源，制定出一套符合其需求的赞助方案，让对方觉得这个活动是有价值的，从而展开合作。

因此，寻找赞助商一般包括以下几个环节。

1. 留意和社群调性相匹配的赞助商

一般来说，同与社群调性相匹配的赞助商合作，成功的概率会更大。社群运营者可以留心观察和社群类型相仿的其他社群找的赞助商有哪些，然后找到类似的赞助商进行沟通。例如，橙为社群的一周年庆祝活动在深圳举办，社群运营者找到了同期赞助了行动派社群的一些赞助商，并顺利地和其中多家赞助商达成了合作。

2. 盘点线下活动的回报资源

盘点线下活动的回报资源，并将其制成表格。

线下活动尽管多种多样、规模不同，但往往都具备一些共同的可回报给赞助商的资源，如表 5-3 所示。

表 5-3　线下活动的回报资源

回报资源类型	回报详情
荣誉回报	给赞助商颁发牌匾与证书，如"第××届××社群的高级合作伙伴"
品牌回报	在活动现场展示赞助商的品牌及代表产品
广告回报	免费使用活动现场签到区的广告位置
	在活动开始前免费为赞助商播放宣传资料或双方合作信息及鸣谢语
	在活动现场，重点展示赞助商的宣传资料；赞助商代表受邀出席活动，尊享 VIP 待遇
	在活动宣传册中赠送一个版面，为赞助商宣传
	在微信公众号、微博、微信视频号、抖音等新媒体平台制作专栏统一鸣谢赞助商，并展示赞助商的新媒体账号链接
其他回报	在活动现场提供一个会议室作为赞助商代表的休息室
特别回报	单独举行双方签约仪式，在社群的新媒体平台发布合作新闻

3. 编写赞助方案

一份赞助方案的核心内容需涉及以下 3 个方面的问题。

（1）哪些企业或机构是本次活动的目标赞助商？

（2）赞助商能得到哪些回报？

（3）赞助商需要付出什么资源或投入多少资金？

对这 3 个问题进行详细描述，即可扩展为一份赞助方案。

在编写赞助方案时，社群运营者需要写清楚以下 4 个方面的内容。

（1）活动的总体描述，包括活动目标、活动背景、活动地点、现有的和曾经的赞助商、活动时间、活动运营团队、过去活动的和本期活动预计的媒体宣传力度、过去活动的和本期活动预计的用户参与度、本期活动实际的和预测的用户画像等内容。

（2）活动所提供的资源回报及所需要的赞助费用。

（3）赞助协议的有效期。

（4）根据活动信息资料，强调此赞助方案与目标赞助商的商业战略相符。

撰写完初稿后，还需要根据赞助商的需求进行修改。对任何一家赞助商来说，有吸引力的赞助方案往往满足以下 5 点要求。

（1）表达的是赞助商所能得到的回报，而不是该活动所具有的特点。

（2）表达的是赞助商的需求，而不是活动的需求。

（3）赞助方案是为赞助商量身定做的。

（4）赞助风险低，方案中会强调某些稳定可靠的回报、会列出已经参加活动的赞助商，并清楚地指出本次活动将如何保障赞助商的利益。

（5）可以为赞助商带来更多附加价值，如增强品牌影响力、提升在潜在消费人群中的知名度、增加商业合作的机会等。

4. 沟通和谈判

在沟通的过程中，社群运营者需要了解赞助商跟外界合作的目的是增加粉丝数量或宣传品牌，还是提高转化率。在明确合作目的之后再采取一些有针对性的沟通和谈判技巧，展示成功案例，即可有效增强赞助商的合作意愿。

▶▶▶ 5.2.3 寻找场地

不管举办什么样的线下活动，都需要准备线下场地。从线下活动的成本来看，场地费用常常是开展线下活动支出费用中占比相对较大的一部分。为了控制场地费用，社群运营者需要有策略地去寻找合适的场地。

1. 寻找场地的 4 种方法

在此推荐以下 4 种寻找场地的方法。

（1）借助他人经验和资源寻找场地

社群运营者可以向有丰富的活动运营经验的朋友咨询，借助他们的经验和资源可以更加快速有效地找到合适的场地。

如果自己的人脉资源不太丰富，社群运营者可以多参加其他社群的线下活动。参加其他社群的线下活动，社群运营者既可以在投资自己的同时获取知识和嘉宾资源；又可以学习其他社群的线下活动的优点，规避缺点；还可以考察活动场地是否对外开放，是否适用于自己今后的线下活动，如果觉得场地合适，可以当场联系场地负责人进行初步洽谈并留存联系方式，了解场地费用与使用的注意事项。

（2）寻找免费场地

社群运营者可以通过本地专门发布活动的网站了解公益活动的发布情况，查看公益活动的举办场地，查看场地附近的交通情况、环境以及在此地举办的历史活动，然后去找场地方进行洽谈。

以橙为社群的深圳城市营为例，线下活动团队通过在工作中经常负责举办活动的朋友，快速获得了可以免费使用的场地信息。具体方法如下：找到当地专门发布活动的网站，即深圳活动网；该活动网站对活动进行了分类，每个活动帖子中都详细标注了活动场地；很多活动场地都有对应的微信公众号，通过微信公众号可以查看哪些场地可以举办活动，哪些场地可以免费使用及其规范的申请使用流程是什么。

当然，场地方既然免费提供场地，必然有其他的回报要求，社群运营者需要明确场地方的运营理念与宗旨是否与社群相契合，然后看他们的要求是否能够与社群的线下活动相融合。

此外，对于商业活动场地，社群运营者还可以考虑能否通过资源互换的方式来减免场地费用。商业活动场地作为线下活动场地一般是收费的，有的就算不收取场地费，也需要有最低消费。社群运营者只有通过资源互换的方式让社群与场地方实现双赢，才有可能免费使用场地。

以橙为社群的上海城市营为例，某公司在上海开了一家咖啡馆，该咖啡馆非常适合开展线下活动，但是要使用该场地，则需要每人缴纳近千元的年费。通过长时间的接触，双方最终达成了合作：对方免费提供活动场地，橙为社群的上海城市营给对方提供活动内容，对方的付费会员可以免费参与橙为社群的上海城市营的线下活动。这样的合作既让橙为社群的上海城市营获得了免费的活动场地，也为对方的场地带来流量和曝光率，实现了双赢。

（3）选择平价的收费场地

现在很多城市都有青年创业咖啡馆，这些咖啡馆虽然是商业经营，但也体现了这些青年人的情怀与梦想。社群运营者在视察场地的交通、大小和设备等情况后，可以选择在人流量较小的时间段举办活动，这样既可以让参加活动的用户感受场地独特的氛围，同时也能够为咖啡馆带来一定的收入。另外，社群运营者可以与咖啡馆负责人洽谈定期举办活动，以享受一定的折扣。

（4）寻找公益组织活动场地

公益组织活动场地一般由政府或企业提供，国家现在提倡"大众创业，万众创新"，这类场地会越来越多，具体可以寻找当地政府或企业支持的活动场地进行申请。例如，深圳图书馆就会提供场地举行读书分享、公益讲座类的活动，但这类场地的申请程序

第5章　社群线下活动的策划与执行

较为复杂，社群运营者可以通过政府或企业了解具体的申请程序。

2. 备选场地的实地考察

确定几个备选场地后，社群运营者就需要到场地进行实地考察。考察场地时需要注意的要点如表 5-4 所示。

表 5-4 考察场地时需要注意的要点

考察要点	考察内容
位置环境	交通是否便捷，环境是否与活动主题相符
场地设备	是否有播放设备，是否有话筒，是否有其他必要的设备
场地费用	是否需要付费，如果需要，价格大概是多少，是否可以接受；是否可以申请到免费场地
场地信息	确定场地后，拍摄现场照片，摸清附近路况，掌握交通信息（如最近的公交站、地铁站）

▶▶▶ 5.2.4 准备物料

线下活动费用主要由场地费用和物料费用构成。社群运营者要提前确定物料清单，除了准备带有社群品牌 Logo 的标准物料，还要判断是否需要准备其他物料。

社群运营者需要把开展线下活动所需的所有物料类别、物料名称、所需数量、单价、费用预算、负责人等信息进行汇总，制作成一份物料清单（见表 5-5），并将其交给各项物料负责人，以免错漏和浪费。

表 5-5 线下活动的物料清单

物料类别	物料名称	所需数量	单价	费用预算	负责人
场地物料	投影仪				
	话筒				
	翻页笔				
	计算机				
	录音笔				
	摄像机				
宣传物料	签到区物料				
	舞台区物料				
	引导区物料				
	工作服				
玩偶	玩偶服				
	会场座位贴				
	VIP 姓名贴				

物料类别	物料名称	所需数量	单价	费用预算	负责人
游戏物料	分组工具（扑克牌/号码牌）				
	笔和纸				
礼品	礼品袋				
	礼品单：××书、宣传册、××商品				
奖品	××书、××课程、××商品……				
合计					

此外，在物料准备阶段，还需要注意以下几点。

（1）宣传物料需要用心设计，统一色系和风格以营造一种和谐的氛围，提升与会人员的体验。

（2）注意物料的材质、尺寸、形状等细节，如根据场地情况选择签到后发放臂贴还是手环，有些场地的地板比较难清理，而臂贴又容易脱落粘到地板上，所以在这种情况下建议最好发放手环。

（3）部分物料需要预留足够的制作时间，一般需要 5 天左右，采办无须制作的物料需要预留 7～10 天。

（4）关键物料的数量。翻页笔、计算机、话筒等关键物料都需要准备多份。

（5）在摆放物料时，需要认真核对现场嘉宾的位置顺序、赞助商品牌是否露出。

（6）对于经常需要制作的物料，可以寻找供应商洽谈长期合作，这样能够节约物料成本。

5.3　宣传期：线下活动宣传的 4 个环节

当活动方案基本成型后，线下活动就正式进入宣传期。此时，社群运营者一般需要召集所有参与此次活动的人员开一个宣传会议。根据已确定的活动时间向前倒推，梳理宣传期各个环节的关键节点，按照宣传期的工作流程（见图 5-1）分配各项宣传工作。

图 5-1　宣传期的工作流程

▶▶▶ 5.3.1　制订宣传计划

制订宣传计划即根据社群主题、活动主题、活动的目标人群等要素确定宣传渠道、制作宣传内容及发布宣传内容，并制定活动宣传策划执行表。

可供参考的活动宣传策划执行表如表 5-6 所示。

表 5-6　活动宣传策划执行表

××社群××活动宣传策划执行表		
宣传内容制作计划		
宣传渠道	活动前宣传 3 月 29 日—4 月 2 日	活动后宣传 4 月 17 日
微信公众号	活动预告软文 5 篇	活动回顾文章 1 篇
微博	活动预告微博 5 条（配图）， 活动现场微博 5 条（配现场图）	活动回顾文章 1 篇
视频号 抖音 快手	活动预告短视频 5 条	活动现场短视频 9 条

宣传渠道	第一轮预热		第二轮预热	第三轮密集推广		现场互动	活动后宣传		
	4 月 6 日	4 月 7 日	4 月 10 日	4 月 14 日	4 月 15 日	4 月 16 日	4 月 17 日	4 月 18 日	4 月 19 日
微信公众号	预告 软文 第 1 篇	预告 软文 第 2 篇	预告 软文 第 3 篇	预告 软文 第 4 篇	预告 软文 第 5 篇	——	——	——	回顾文章 1 篇
微博	预告 微博 第 1 条	预告 微博 第 2 条	预告 微博 第 3 条	预告 微博 第 4 条	预告 微博 第 5 条	现场微博 第 1~ 第 5 条	——	——	回顾文章 1 篇
视频号	预告 短视频 第 1 条	预告 短视频 第 2 条	预告 短视频 第 3 条	预告 短视频 第 4 条	预告 短视频 第 5 条	——	现场 短视频 第 1 条~ 第 3 条	现场 短视频 第 4 条~ 第 6 条	现场 短视频 第 7 条~ 第 9 条
抖音	预告 短视频 第 1 条	预告 短视频 第 2 条	预告 短视频 第 3 条	预告 短视频 第 4 条	预告 短视频 第 5 条	——	现场 短视频 第 1 条~ 第 3 条	现场 短视频 第 4 条~ 第 6 条	现场 短视频 第 7 条~ 第 9 条
快手	预告 短视频 第 1 条	预告 短视频 第 2 条	预告 短视频 第 3 条	预告 短视频 第 4 条	预告 短视频 第 5 条	——	现场 短视频 第 1 条~ 第 3 条	现场 短视频 第 4 条~ 第 6 条	现场 短视频 第 7 条~ 第 9 条

▶▶▶ 5.3.2　制作宣传内容

目前，社群线下活动的主流宣传渠道有微信公众号、微博及短视频平台。结合这3 种平台的内容特点，要想宣传一场线下活动，需要进行长篇图文、微博文案、短视频 3 种形式内容的编制。

1. 长篇图文的编制要点

为了提高阅读量，发布在微信公众号、今日头条、微博等平台的长篇图文，可以在标题和正文的编写上使用如下技巧。

（1）标题的编写技巧

编写标题时，社群运营者可以通过使用社群成员关注的话题的关键词，如当下的热门话题、名人趣事、社群成员的兴趣爱好、与社群成员息息相关的利益或目前正在进行的社群任务等，向社群成员提供有价值的或有反差的信息，或制造悬念吸引社群成员的眼球，引起社群成员的好奇心和兴趣，让社群成员情不自禁地打开并阅读文章。此外，在标题中加入与社群成员情况相匹配的标签，如地域、年龄、性别、收入、职业等方面的关键词，或者利用对话式标题，让社群成员感觉作者在和自己对话，以增强文章的代入感和亲切感，提升文章的点击量。

（2）正文的编写技巧

在正文中，社群运营者需要先通过讲故事、提问题、场景化描述痛点等方法，使社群成员产生代入感，让社群成员在阅读故事、思考问题的答案及回顾自己相似经历的过程中关注自己，指出社群成员过去的行为或选择存在哪些不合理之处，让社群成员意识到自身的困扰和需求痛点；然后再将社群成员的需求与活动的价值绑定起来，告知社群成员解决问题的方法，而参加线下活动能获得这些方法，即给社群成员一个不得不参加活动的理由。

在正文中，社群运营者还可以通过权威背书、罗列数据、展示细节、展示往期反馈及评论来增强活动价值的说服力。

- 权威背书。借助权威机构或组织的认证、业界权威或知名人士的背书，增强活动价值的说服力。

- 罗列数据。利用社群成员的从众心理，罗列往期活动的参加人数、传播效果、成就数据、本期已报名人数等，激发社群成员的参与欲望。

- 展示细节。为社群成员提供更具体的活动信息，让社群成员清楚、深入地了解活动价值，对活动价值产生更深的信任感。

- 展示往期反馈及评论。选择能解答社群成员疑问和满足社群成员核心需求的真实评论或成果进行展示，以证明活动的价值和效果，从而有助于社群成员打消心中的顾虑，增加社群成员对活动价值的信任。

在正文的最后，还可以进一步借助利益吸引社群成员，如强调活动的亮点、价格优势和优惠力度等，以促成转化。其中，强调价格优势是常用的营销策略，主要采取价格对比、提供附加价值的方式来引导社群成员参与活动。

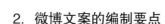

2. 微博文案的编制要点

微博文案在此是指字数在 140 字以内的短文案。这种文案要求社群运营者在规定字数范围内提炼内容精华,用最为简洁、有趣的语言把信息有效地传达给社群成员,用最短的时间抓住社群成员的眼球,促成转化。

(1)制造话题,提高曝光度

微博作为人们日常分享交流的一个社交平台,社群运营者通过在微博平台上制造有热度、有趣味的个性化话题,可以快速引起社群成员热议及互动讨论,促使社群成员自发地进行话题传播,提升社群品牌的曝光度及知名度,以促成流量向销量的转化。

在微博上发布的话题主要分为两类,一类是根据社群定位、活动定位及目标人群定位发布的话题,用于突出社群活动的价值;另一类是借助热点发布的话题,指社群运营者通过在微博平台的"热门微博""热门/超级话题""微博热搜榜"处搜索当下的热门话题,找到与社群文化、社群主题、社群价值相契合的热门话题,并将两者的共同属性结合起来,借势营销,有效提高品牌的曝光度及社群成员对活动的关注度。

(2)品牌联动,优势叠加

品牌联动指的是基于共同的目标受众,两个实力相当的品牌互相借势借力,最终实现优势叠加,达成共赢。这种模式要求社群已经拥有一定的知名度和影响力。社群的微博账号和合作品牌的微博账号各自发布关于合作的微博软文,充分发挥自身的优势,促使双方的微博粉丝参与互动,引起微博平台其他社群和媒体的注意,从而达到共同提升品牌价值、进一步促成转化的目的。

(3)微博"大V"转发点评

微博"大V"的转发点评能够提高线下活动在微博平台的传播效率,增强其影响力。社群运营者可以邀请微博"大V"发布微博内容,并以他们的视角来点评线下活动。当有多个微博"大V"进行转发点评的时候,信息的传播将会更快、更广。

3. 短视频的编制要点

活动前期的宣传短视频有多种内容形式,可以让社群运营者出镜介绍活动(见图 5-2),可以邀请多名嘉宾出镜讲述个人与社群的故事(见图 5-3),也可以展示活动会场,还可以通过剪辑嘉宾演讲(或分享)的精彩片段来预告活动中的相关节目。社群运营者可以根据素材按需选择。

4. 报名通道设计

在宣传期还需要设计线下报名渠道和报名方式。如果有收费项目,还要确定收费渠道、支付方式。

有的社群开展的线下活动只需要报名者付款即可完成报名,这时可以将活动设计成一款付费产品,将购买链接或购买二维码嵌入宣传内容,报名者只要点击链接或扫描二维码即可进入产品介绍页面,实现一键下单购买。例如,"媒老板商学院"推出的一门为期 2 天的线下课程,点击其宣传文章内的"报名"按钮,即可跳转到小鹅通店铺的产品详情页面,报名者可以在了解课程信息后一键购买,如图 5-4 所示。

而要参加有的社群开展的线下活动，报名者需要提交申请信息，审核通过后才可付费参加，这时报名者就需要先添加小助理的个人微信号，填写表单，审核通过后，才能获得购买链接，付费后即报名成功。橙为的"流量经营闭门会"采用的就是这样的模式，如图5-5所示。

图5-2　秋叶大叔出镜介绍秋叶系社群的线下活动

图5-3　活动嘉宾出镜讲述个人与社群的故事

图5-4　产品详情页面

图5-5　扫码领取审核表单

▶▶▶ 5.3.3　投放与监测效果

社群运营者需要有节奏地投放跟活动相关的宣传内容，并实时监测投放效果。

1. 活动报名阶段：通过对活动价值的描述吸引社群成员线上报名

在活动的报名阶段，社群运营者需要向社群成员说明举办活动的目的、活动的性质、活动的内容，以及活动能给他们带来什么作用和影响等。这时的宣传将直接影响线上的报名情况和活动的传播范围，在内容策划上既要准确又要具备吸引力。同时，社群运营者也需要根据报名效果来评估宣传效果，从而优化宣传策略。

2. 活动进行阶段：通过对活动内容的呈现吸引活动参与者进行线上转发和传播

在活动进行阶段，优质的活动内容可以通过直播迅速在线上扩散开来。在这个过程中，社群运营者可以对所有活动参与者进行非官方、非正式的传播引导，引导大家在各自的微信朋友圈、微博等平台传播优质的活动内容。对于大家发布的内容，社群运营者要注意引导其他人进行评论和转发。

3. 活动结束后：通过对活动的总结建立线上的口碑和提升影响力

线下活动结束后，社群运营者对活动进行真实的还原，输出有质量的总结，能够引发线上的二次传播，也能引发大家对下一次活动的期待。输出的与活动相关的文章需要包含数据、观点、故事，这样文章内容才会让人感到客观、真诚，让人觉得社群有价值、人性化。在文章发布后，社群运营者还要注意监测文章的阅读量、评论量及评论的内容，以便总结宣传经验。

▶▶▶ 5.3.4　咨询接待与报名统计

社群运营者一定要及时统计报名情况，一旦发现报名人数过少，与预期人数差距过大，应及时反馈给总负责人，相关人员需要立即商讨是否增加投放渠道和增大投放力度，以保证活动人数与预期相符。

活动前根据报名时留下的联系方式（电话、短信等），通知报名成功的社群成员，以确认能够准时参加活动的具体人数。

如果报名情况良好，可以适当加放 10%～20% 的名额，因为线下活动常常会有人有种种原因而不能到场，加放名额可以避免空座率过高，浪费成本。而如果到场的人数过多，适当加座即可解决。

5.4　执行期：活动顺利执行的两大关键

保证活动顺利执行的两大关键：一是明确活动的工作流程，二是做好分享嘉宾的接待工作。

▶▶▶ 5.4.1 明确活动的工作流程

明确活动的工作流程，即需要将活动执行期的诸多工作梳理成一张清单表，明确列出各个环节的工作模块、工作任务、具体内容、责任人、时间、完成情况等，让所有工作人员都明确活动当天在什么时间需要做什么事情。

要编制活动的工作流程清单表，需要先明确以下 3 个问题。

（1）本次线下活动在执行期有哪些环节？

（2）每个环节有哪些具体的工作内容？

（3）每项工作内容是否已经具体到人？

根据以上问题，列出活动的工作流程清单表，如表 5-7 所示，既便于查漏补缺，又便于之后进行复盘。

表 5-7　社群线下活动的工作流程清单表

环节	工作模块	工作任务	具体内容	责任人	时间	完成情况
活动确认	活动事由确定	确定活动名称	××社群的××活动			
		确定活动时间	××××年××月××日			
		确定活动对象	××社群的成员			
		确定举办地点	××城市××会场			
		确定预期目标	本次线下活动的目标			
活动前期准备	准备活动	明确人员分工	每个人都应清楚自己的工作内容			
	人员信息	核查参与者信息	核查活动参与者的人数、姓名、联络方式			
		核查分享嘉宾信息	核查分享嘉宾的姓名、联络方式			
	活动通知	通知并核查结果	通过电话、微信通知，并核查是否通知到位			
	资料	资料准备及发放	活动流程表、分工表、签到表等资料都要在活动前制作成电子版资料，并打印完成			
			相关流程、分工方案等资料分发到每个工作人员手中			
		海报、横幅等印刷品张贴	联系印刷厂完成印刷，提前 1 天送到举办地点			
			在会场的宣传栏等地方张贴海报、横幅			

环节	工作模块	工作任务	具体内容	责任人	时间	完成情况
活动前期准备	餐饮	饮料/食物	准备一定量的矿泉水，放置在座位旁边			
			采购小吃/中场休息茶点，放在休息区			
			预定好活动中场休息时的午餐、活动后的晚餐就餐餐厅			
	道具	道具准备	准备好活动所需道具，包括小游戏道具、话筒、扩音器等			
			如需颁奖，还需准备礼服、奖盘、锦旗、奖状、奖杯等			
	场地	场地布置	桌椅、道具、横幅、指引牌、座位牌等物品摆放或粘贴到位			
	摄影	摄像机准备	摄像机等拍摄器材搬至现场指定位置			
		活动拍摄	活动现场布置完成后，拍照			
	设备	设备准备和调试	检查活动中所需计算机、投影设备、音响设备、道具等是否准备到位、调试到位			
活动现场工作	签到	签到表和签字笔	在会场入口处准备好签到表与签字笔，供参会的社群成员和嘉宾签到			
		资料和礼品发放	准备好资料和礼品，在嘉宾和社群成员签到后发放			
	摄影	现场抓拍	摄影师抓拍会场情况			
		现场录制	录制现场视频			
		现场直播	直播拍摄			
	后台控制	音乐/灯光	根据流程表或台上情况播放音乐、操控灯光			
	催场	安排出场人员	根据流程表提前安排出场人员在后台等候上场			
	话筒	话筒传递	若台下代表需发言，明确话筒传递负责人			
	医疗准备	医务人员/药箱	日常用药准备及安排医务人员候场			
	就餐	就餐确认	确认就餐人数，保证食物正常供应			
	合影	大合照拍摄	活动后组织全体人员合影			
	场地收拾	会场清理	回收并清理资料，检查是否有物品遗忘			

环节	工作模块	工作任务	具体内容	责任人	时间	完成情况
活动现场工作	场后宣传	发布活动的相关信息	活动现场的照片、短视频、相关文案编辑后在微博、微信朋友圈、社群内发布			
活动后期工作	资料	资料存档	电子版资料，包括活动流程表、签到表、工作总结及活动中拍摄的照片等资料都要存储在计算机上的文件夹			
	活动后宣传	发布活动精彩瞬间	在社群相关的新媒体平台和社群运营者的朋友圈发布以"活动精彩瞬间"为主题的文章、图片、短视频			
	后续工作跟进	费用结算报销	对活动期间产生的费用进行结算报销			
		复盘	工作团队进行工作总结，梳理工作流程中的出色之处及不足之处			

▶▶▶ 5.4.2 做好分享嘉宾的接待工作

由于分享嘉宾对线下活动来说非常重要，社群运营者要做好分享嘉宾的接待工作。一般情况下，分享嘉宾的接待工作需要贯穿活动前、活动当天及活动后。这3个时间段需要注意的事项分别如下。

1. 活动前

活动前社群运营者需要做好以下几方面工作。

（1）在活动开始前3～7天通过短信提醒分享嘉宾注意行程安排。

（2）在活动前3天将接待人员的电话、从车站或机场到会场的详细路线等信息以短信或微信的方式发送给分享嘉宾，方便其安排出行计划。

（3）在活动前1天给分享嘉宾发送一份"嘉宾行程手册"，内含当地天气情况、行程安排等，并与分享嘉宾沟通其在活动当天的活动安排，询问其是否需要接送服务。

在此需要说明，"嘉宾行程手册"是适用于所有与会者的行程手册，需要提前制作。它可以是一份PDF文件，可以是几页海报，也可以是一篇微信公众号文章。当前人们已经习惯于使用微信来进行沟通，社群运营者以微信公众号文章的形式来编写"嘉宾行程手册"是一个比较好的方法。这是因为，一方面，微信公众号文章可以包含较为丰富的图文信息，将诸多信息详细地呈现出来；另一方面，文章既可以直接推送给关注微信公众号的用户，又可以精准推送到微信群，还可以一对一推送到用户微信，既方便参加活动的社群成员查看，又方便没参加活动的社群成员了解情况。

2. 活动当天

社群运营者在活动当天接到分享嘉宾后，需要第一时间告知分享嘉宾活动的流程，包括预热、分享嘉宾或领导讲话、品牌宣传、互动环节、抽奖环节、活动后的合影环节及活动后的住宿安排，以增强分享嘉宾对活动的整体了解。如果现场需要对分享嘉宾进行介绍，还要让分享嘉宾确认介绍文案。

如果分享嘉宾到达会场的时间较早，需要为分享嘉宾安排一个休息的地方，准备茶水，并询问分享嘉宾习惯饮用什么饮品，尽可能为其准备妥当。

在活动开始前，需要了解分享嘉宾对演讲设备和PPT的要求，如是否需要投影仪、是否需要无线话筒、是否用自己的计算机（如果是，需要提前测试计算机和投影仪是否可用）、是否对PPT的版本有要求、是否需要遥控笔、是否需要白板等。

同时需要提前询问分享嘉宾的时间安排。如果分享嘉宾行程紧张，需要在活动开始时就事先告知大家，今晚分享嘉宾可能还要赶赴其他地方，不能多留，机会难得，请大家在互动环节抓住机会进行提问。

在活动结束后，如果有正式的餐饮安排，需要向分享嘉宾介绍主人和陪客，就餐期间尽量让分享嘉宾感觉放松。如果没有正式的餐饮安排，只是便饭，也需要感谢分享嘉宾支持社群的工作。

3. 活动后

活动后，往往会有很多社群成员找分享嘉宾签名、合影，因而需要将分享嘉宾安排在一个专属座位以方便签名。分享嘉宾签名时，需要组织工作人员维护秩序、控制时间，以免耽误分享嘉宾后续的行程。

活动结束后，需要有专门的工作人员将分享嘉宾送到目的地。如果分享嘉宾需要在当地留宿，应该有专人负责第二天接送分享嘉宾，以免耽误其行程。

活动结束后的1~2天内，需要给分享嘉宾发一封感谢信。在感谢信中，首先感谢分享嘉宾的到来和支持，其次就活动情况做汇总式反馈，最后请分享嘉宾对活动本身提出建议、指出不足之处，以便下次改进。此外，还需要随信附上精选的现场照片，以便分享嘉宾留作纪念或上传至自己的新媒体账号。

以上这些接待细节往往能得到分享嘉宾的赞赏，为后续的长期合作奠定良好的信任基础。

5.5 复盘期：线下活动复盘的5个步骤

线下活动结束后，社群运营者还需要进行线下活动复盘。复盘是把经验变成能力的过程。复盘能避免重复犯错，社群运营者复盘后再加以有针对性的改进，能优化活动效果，树立活动门碑。

一般情况下，线下活动复盘包括5个基本步骤，即回顾目标、描述过程、分析原因、提炼经验、编写文档。

▶▶▶ 5.5.1　回顾目标

线下活动复盘的第一步是回顾目标。

是否实现目标是评判一场活动成功与否的标准。将线下活动的实际结果与目标进行对比，社群运营者就可以总结出一场线下活动的效果如何。

回顾目标步骤分为两个小步骤：展示目标、结果对比。

1．展示目标

在线下活动的策划期，社群运营者往往已经根据实际情况确立了合适的目标。此时只需要把策划期的目标展示出来即可。

展示目标是将既定目标清晰明确地写在显眼之处。例如，写在白板上或者投影在屏幕上，让参加复盘会议的所有成员都能看到，实时回顾、实时对比，从而确保整个复盘会议一直围绕目标进行。

2．结果对比

结果对比即将线下活动的实际结果与希望实现的目标进行对比，找出两者的差距。只有了解两者的差距，才能在后续的复盘过程中分析出现这种差距的原因，探究实现目标的有效方法。

在线下活动复盘中，实际结果与目标的对比往往会出现 4 种结果：实际结果比目标好、实际结果与目标一致、实际结果不如目标、实际结果偏离目标。

回顾目标的目的是发现存在的问题，为后续的分析提供方向。因此，在后续的分析中，需要重点分析"实际结果不如目标"和"实际结果偏离目标"这两种情况，从而找出"实际结果与目标不一致的地方在哪里"和"为什么会出现这样的差距"的答案。

▶▶▶ 5.5.2　描述过程

描述过程是为了找出哪些操作过程是有利于目标实现的，哪些是不利于目标实现的。过程是分析实际结果与目标之间的差距的依据。因此，在描述过程时，需要遵循以下 3 个原则。

（1）真实客观，即社群运营者需要将线下活动的整个工作过程真实、客观地记录下来，不能主观地美化，也不能进行有倾向性的筛选。

（2）全面完整，即社群运营者需要提供线下活动工作中各个方面的信息，每一个方面的信息都需要描述完整。

（3）细节丰富，即描述在什么环节，谁用什么方式做了哪些工作，产生了什么样的结果。例如，在宣传期，哪些人在什么时间、什么平台发布了什么宣传内容，这些宣传内容分别是什么类型的，阅读量有多少，评论量有多少，评论回复量有多少，工作人员都是在什么时间看评论和回复评论的等。线下活动的整个工作过程的细节并不需要全部描述，但需要对与差距有因果关系的细节进行详细描述。

基于这 3 个原则描述的过程需要与实际工作过程一致。社群运营者可以从活动策划说起，按照工作推进的过程，分阶段地进行文字记录，尽可能达到"情景重现"的程度。

需要说明的是，文字记录虽然比口述麻烦，却是最合适的一种过程记录方法。因为通过文字来记录，社群运营者可以很轻易地检查出遗漏的信息、不完善的信息或虚假的信息，并对记录内容进行修改和完善，从而为后续的复盘工作提供较为可靠的分析依据。

▶▶▶ 5.5.3　分析原因

分析原因是线下活动复盘的核心步骤。只有原因分析到位，整个复盘过程才是有成效的。

分析原因时，通常情况下，社群运营者可以从"与目标不一致"的地方入手，连续追问"为什么"，经过多次追问后，往往能探究到问题背后真正的原因，从而找出解决办法。

可以从以下 3 个角度展开追问。

（1）从"结果原因"的角度问"为什么会发生？"

（2）从"检查问题"的角度问"为什么没有发现？"

（3）从"暴露流程弊端"的角度问"为什么没有从流程上预防（事故/糟糕结果）？"

从这 3 个角度连续多次追问"为什么"，往往就可以得出相应的结论。这些结论可能就是问题形成的根本原因。

▶▶▶ 5.5.4　提炼经验

分析了原因，社群运营者往往已经意识到了一些问题，甚至还能总结出一些经验，讨论出一些方法。然而，这样归纳出来的经验和方法并不能直接使用，任何经验和方法都需要进行逻辑推演，看看是否符合因果关系，即是不是符合"因为做了哪些事情，所以出现了什么样的结果"的逻辑。只有符合因果关系，才是可参考的经验和方法，才有指导价值。

如何对经验和方法进行逻辑推演呢？社群运营者可以根据各种小结论、工作环节的"可控性"来进行。

根据程度的不同，可控性可以分为可控、半可控、不可控 3 个类别。

（1）可控是指社群运营者可以控制所有的环节和成果。

（2）半可控是指社群运营者只能掌控部分环节和部分成果，还有一些环节和成果是无法掌控的。

（3）不可控是指社群运营者的工作成果由其他人或其他事件决定，完全不受自己的控制。

不难看出，"可控环节"及"半可控环节中可控的部分"是社群运营者在之后的活动中能够有所提高的部分，可以作为经验保存下来，并用来指导后续的活动策划和执行工作。而其他的不可控部分由于无法预判结果，其相关结论在下次活动中可能就不会出现，就不具备指导意义，也就不能作为经验或方法。

可见，线下活动复盘的核心就是从一场具体的线下活动中提炼出经验和方法，从而解决所有线下活动中可能出现的一个问题甚至一类问题，优化线下活动的运营效果。

▶▶▶ 5.5.5　编写文档

编写文档是将线下活动复盘过程中发现的问题及其原因、得出的经验和改善方法，以文字的形式记录下来，编写成册。

可以参考的复盘文档格式如表 5-8 所示。

表 5-8　复盘文档格式

复盘主题	关于××社群××线下活动的复盘			
复盘时间				
复盘会议参加人员				
线下活动基本信息	活动时间		活动地点	
	参加人数		参加人群	
目标回顾				
实际结果与目标对比				
线下活动过程描述				
原因分析	（与目标不一致的地方是什么？是什么造成的？如何改进？）			
经验总结				
经验适用范围				

编写文档看起来只是一个微不足道的环节，但在增长社群运营者的活动运营知识方面有着极为重要的作用。

第5章　社群线下活动的策划与执行

125

首先，编写文档可以为社群运营工作留下真实、准确的记录，避免遗漏或遗忘重要事项。

其次，编写文档将活动过程、活动经验变成具有一定逻辑结构的显性知识，可查阅、可传播，从而能够避免社群运营者在同样的知识上再次支付学习成本。

最后，文档既方便存储，也方便提取，可以让社群运营者在需要时，快速查找、快速拿来借鉴使用，以提高工作效率。

此外，文档还有利于进行对比学习。社群运营者通过不断地将刚完成的线下活动的文档与过去存储的经验文档进行对比，往往可以加深对事物本质的认识，甚至提炼出新的认识事物的方法。

总之，编写文档虽然不是线下活动复盘过程的核心步骤，却是社群运营者学习经验的一个重要资料来源，是一个不可或缺的步骤。

 思考与练习

1. 简述为社群寻找分享嘉宾的方法。
2. 简述长篇图文的编制要点。
3. 简述线下活动复盘的 5 个步骤。

第6章
优质运营团队的搭建

优质的运营团队是社群持续稳定成长的保障。因为优秀的运营团队往往有很强的凝聚力、执行力和战斗力，能够高效地完成社群的运营目标。对社群来说，优秀的运营团队并不都是从竞争者团队中挖来的"空降人才"，更多的是培养和磨合出来的"原生人才"。而培养和磨合的基础，就是科学合理的社群组织架构、人才选拔标准、团队沟通机制、考核制度等。

6.1 建立社群运营团队

有影响力的社群往往有一个分工明确的运营团队。但这个分工明确的运营团队并不是从一开始就建成了的。在社群初期规模较小的时候，可以先搭建精简的社群组织架构，整个运营团队仅具备基本人员就可以尝试启动了。但随着社群规模的扩大，就需要逐渐完善社群的组织架构。

6.1.1 搭建合适的社群组织架构

一个社群不能没有合适的组织架构，那么社群的组织架构应该怎样搭建呢？和实体组织一样，社群的组织架构应该层级精简、权责分明。层级过多会导致信息传达不通畅，传达效率低。因此，组织架构需要依据社群所处的发展阶段来设计。

社群刚刚建立，还处于萌芽期，并不知道社群能不能运营好，能不能生存下来。

这时，社群的运营团队可以只包含群主和一个小助手。此时，两个人的分工是，群主负责构建社群、管理社群、策划社群活动、担任社群 KOL 等；小助手则主要负责收集、汇总、整理、保存群内的聊天内容，活跃社群气氛，解决社群成员遇到的问题等。此时的社群组织架构如图 6-1 所示。

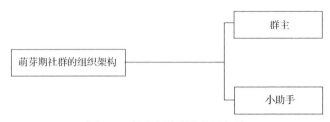

图 6-1　萌芽期社群的组织架构

社群建立一段时间后，如一个月后，如果发现社群的运营状况尚可，就需要做好内容输出和吸引新的优秀人才加入社群，此时可以开始调整组织架构，成立小规模的运营团队。此时的运营团队需要有信息收集组和新媒体运营组，负责社群内容的输出和对外展示；需要有设计组，负责通过设计精致的宣传海报提升社群的品牌传播力度。此时的社群正处于成长期，其组织架构如图 6-2 所示。

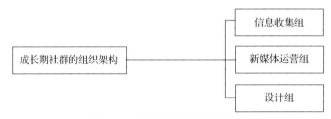

图 6-2　成长期社群的组织架构

随着社群的发展，社群成员数量增加，社群影响力增强，社群与外界的合作增多，社群已逐步实现商业变现或从线上延伸到线下，此时社群的组织架构需要再次进行大范围的调整。此时的社群已经进入稳定期，已经拥有一定的规模和品牌度，团队成员需要具备专业能力，因而社群需要依据各项工作内容设置完善的职能部门。稳定期社群的职能部门如表 6-1 所示。

表 6-1　稳定期社群的职能部门

职能部门	工作组	职责
统筹部	—	社群发展和运营方向的统筹
新媒体部	编辑组	各个平台的文章、文案的策划和撰写
	选题组	搜集符合社群定位的选题，研究能够提高社群曝光度的选题
	运营组	微信公众号、今日头条、微博、知乎、豆瓣、简书、贴吧等新媒体平台的建设和维护，以提高社群品牌的曝光度

职能部门	工作组	职责	
资料部	社群资料组	社群内日常讨论、嘉宾分享内容的收集和整理	
	团队资料组	运营流程审核，运营团队的周报、月报制作	
	资料管理组	各种资料的汇总归档管理	
	数据分析组	整理数据，并按照需求进行数据分析	
品牌部	宣传组	社群文化和社群品牌的宣传推广	
	外联组	社群活动的嘉宾筛选、邀约以及维护	
	设计组	社群 Logo、运营海报、活动海报及社群相关产品设计，社群相关视频拍摄、视频剪辑	
	活动策划组	整理汇总各项活动，把活动流程标准化、书面化；群内活动的策划、跟进、主持及控场	
项目部	短期项目组	社群内短期项目的策划与统筹	
	地区项目组	专职统筹人员	地区项目的策划与统筹工作
		临时调用相关岗位人员	地区项目的成员招募、文案、外联、设计等工作

在稳定期，团队成员的工作模式是项目驱动，即需要做项目时，大家需要齐心协力承担起自己的职责，共同为实现项目目标而努力。例如，如果社群打算新开一个新手 PPT 营，需要一个设计人员、一个文案人员、一个外联人员，那么"新手 PPT 营营长"就可以到本社群的设计组、编辑组、外联组各借调一个人，组成临时项目组——新手 PPT 营项目组。

总之，社群的组织架构需要根据社群的发展进行动态调整，找到适合自己的组织架构。

▶▶▶ 6.1.2　招募合适的人才

当社群的组织架构搭建好后，就可以为各个岗位招募合适的人才了，可以按照以下 5 个标准进行人才选拔。

1. 才华出众

具备社群运营所需才华的人才可以分为以下 3 类。

（1）能够创作出优质内容的人才，内容的形式不限文字、图片、PPT、视频、H5 等均可。

（2）具有项目协调、运营、沟通、组织等能力的人才。

（3）善于建立连接，能够活跃气氛的人才。

一个优质社群应该同时拥有这 3 类人才，负责社群内容输出的人才可以占社群总人数的 60%~70%，负责社群项目运营和组织的人才可以占 20%~30%，负责活跃社群气氛的人才可以占 10%～20%。

2. 行动力强

社群需要有才华且行动力强的人才。有的人虽然有才华，但是做事情拖延，这样的人如果做社群运营，运营效果可能会比较差。

如何考察人才的行动力呢？可以给他安排一项工作，看他能不能如期完成并主动反馈。能如期完成并主动反馈的人，即使完成的结果不够完美，也是行动力强的。因为相关经验不足可以通过学习弥补，但快速行动的能力和反馈意识却不易习得。

3. 产出稳定

只有能稳定输出作品的人才有可能做出有质量的工作。可以通过布置任务让他完成来评估他是否能够持续稳定地输出有质量的作品。

在秋叶 PPT 社群中，一旦发现合适的新人，管理者就会马上联系他们，布置一些任务让他们挑战。如果新人做事效率高、工作质量好，特别是可以通过作品看出其思维深度和广度的，就可以让这些新人加入运营小群。在运营小群里，大家可自由发言，日渐熟悉，同时，小群管理者也会不定期给他们布置任务来评估他们工作质量的稳定性。

4. 文化认同

在社群发展壮大的过程中，运营团队常常会遇到各种困难。不认同社群文化、不认同社群价值观的人是不会一直跟着社群走下去的，因此运营团队中需要真正认同社群文化、认同社群价值观的人才。

当然，社群文化并不是一成不变的，而是动态发展的。例如，有些社群在早期实行的是公益的非营利模式，后来可能就会在发展中逐渐过渡到商业化的营利模式。商业模式已经改变，哪怕社群价值观还跟从前一样，社群文化可能也已不再相同。这时，是否愿意认同新文化，并跟随社群的主流观念一起变化，是筛选人才的一大标准。

5. 自带资源

任何团队都很难抗拒一个自带资源的新人，因为有些资源并不是后期通过培养就一定能够得到的，如人脉资源。

橙为社群在深圳和上海同时做了两场大型活动，在深圳开展活动时，场地费用是3 万元。但是同样规模的场地，在上海因为有人提供场地，通过沟通，最后只花了 1000元，节约了大量成本，整个线下活动开展得极为顺畅。

可见，有资源的人才也是可以优先考虑让其加入运营团队的。

6.2 完善社群运营团队的沟通机制

不同于实体组织的团队成员都聚集在一个地区，社群运营团队的成员可能分散于天南海北，大家靠线上的核心运营群来沟通交流。

线上沟通可能会出现沟通不顺畅的情况。例如，一件事情反复经过多轮沟通依然没有结果；沟通各自负责的工作后发现有人因为太忙而忘记完成等。这些沟通不顺畅的情况会导致工作效率低下或工作出现纰漏，影响团队的工作质量；也会因为反复就一个简单问题进行沟通而导致大家身心俱疲，心生抱怨，甚至产生离开团队的念头。

为了避免这些情况出现，社群运营团队的成员需要按照标准化沟通程序进行线上沟通，并及时记录、总结相关内容。

》》》6.2.1 制定社群介绍手册

建立标准化沟通程序的第一步，是让所有参与社群运营的成员都了解社群及社群的运营工作。这就需要制定一份完整的社群介绍手册。该手册需要包含社群简介、社群制度、社群团队3个方面的内容，具体内容框架如图6-3所示。

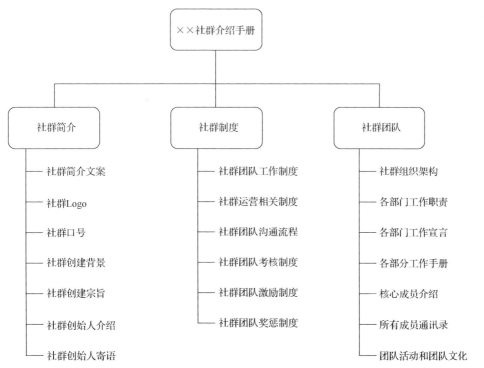

图6-3 社群介绍手册的具体内容框架

在实践中，需要根据以上内容框架，按需制定社群介绍手册。

》》》6.2.2 定期通过在线会议沟通

要想保持社群的运营效率，社群运营团队内部保持有规律的沟通是很有必要的。

有规律的沟通可以让运营团队中的每一个人都能及时反馈工作中遇到的问题，并及时获得帮助。

在社群运营团队的管理中，常见的团队沟通模式就是召开在线会议。例如，秋叶系社群的运营团队坚持每天晚上 10 点在线沟通当天的业绩数据，确定需要改进和调整的工作方向；也约定每周日晚上 8:00 之前在群内汇报上周工作的完成情况和下周计划要完成的工作，若有问题马上沟通。通过这种简单的工作会议，社群运营团队的核心成员就可以知道彼此的工作安排和工作进展。

不过，由于运营团队的成员在线沟通时，可能会不自觉带入网络聊天的习惯，如出现很多脱离主题的发言、习惯"潜水"不发言，这些习惯显然会影响沟通效果。因此，社群运营团队需要在沟通前先用"5W2H"梳理出会议的关键沟通要素。5W2H 关键沟通要素梳理模型如表 6-2 所示。

表 6-2　5W2H 关键沟通要素梳理模型

WHAT	WHO	WHY	WHEN	WHERE	HOW	HOW MUCH
沟通内容	谁参与沟通	沟通目的	沟通时长	沟通地点	如何完成	成本

运营团队运用这个模型能够快速整理好会议的关键沟通要素，帮助大家紧紧围绕沟通目的进行在线沟通。例如，一个运营团队一起开会讨论"如何实现线上有效沟通"这个话题，那么在会议开始前，可以进行 5W2H 梳理，如表 6-3 所示。

表 6-3　5W2H 梳理

WHAT	如何实现线上有效沟通
WHO	团队核心成员
WHY	讨论出一套具体可行的方案来实现线上有效沟通
WHEN	3 小时之内
WHERE	线上微信群
HOW	有关资料发放准备，1~2 小时头脑风暴，1 小时复盘总结 提前制定发言机制、讨论内容的先后顺序、禁止事项 给予高质量发言者适当的奖励 组长全程引导发言方向，活跃气氛 安排人员全程同步记录发言要点
HOW MUCH	无直接成本

此外，在在线沟通过程中，要注意以下 4 点。

（1）要注意形成"对事不对人"的文化。沟通是为了更好地完成团队的工作，而不是找"最佳辩手"。沟通过程中出现的问题并将其解决后，就要翻篇，不可纠缠不休。有了这种文化，新成员加入团队后，即使在沟通过程中被指出问题也不容易产生挫败感，不会认为是老成员故意找碴儿针对他，反而会把注意力放在和团队共同找出问题的解决方案上。

（2）在线沟通时，要特别提醒大家不能因为是在网络上发言就过于随意，尤其要注意开玩笑的分寸。

（3）要特别注意发言技巧。在提出问题或建议时，要照顾到对方的情绪和感受。

（4）要对高质量发言者进行奖励，促使团队成员养成积极思考、积极参与讨论的习惯。例如，在橙为社群中，线上沟通由一个主持人控场，一个计分员来统计积分。每轮发言结束后主持人给出评分，有效的建议或意见会作为有效发言加分。全部发言结束后，分数最低的成员会受到惩罚，如编写会议纪要等。这样可以让所有参与讨论的人认真对待自己的每一次发言。

▶▶▶ 6.2.3 建立社群云共享日程表

社群运营团队需要建立一个社群云共享日程表。各个项目的管理者可以通过社群云共享日程表找到团队内大多数人的固定空闲时间段，如每天晚上 8:00—9:00，然后选择在这个时间段进行集中沟通。这样安排有两个好处，一方面可以保证沟通时大多数人在线，解决线上沟通异地不同步的问题；另一方面能提高沟通效率，节约团队成员的时间。

在社群建立时期，管理者可以制作周工作计划表单交由各部门填写，然后整理公布下一周各部门的安排。这样，各部门可以合理安排和其他部门的合作。但是这样的工作计划表单无法及时反映团队成员的工作变化和时间安排。所以，管理者选择使用360 日历，团队成员如果有了日程安排，应及时在团队共享日历中更新，这样所有人的日程安排就能一目了然。

在橙为社群中，因为经常要组织线下讲座，运营团队便使用 Tower 这一互联网协同办公软件，团队的所有成员加入 Tower 后，只要输入每周安排，整个团队的日程安排就一目了然。

Tower 的使用方法很简单，只需关注 Tower 的公众号即可用手机直接操作。Tower中有个"项目"选项，能够提前安排项目，而且添加项目任务后还能指派给别人；安排的日程能自动同步到日历中，有助于团队成员提前知晓其他成员的日程安排。

▶▶▶ 6.2.4 对资料进行分类和归档

每一次沟通结束后，都需要及时对各种资料进行分类和归档，以降低因为查找资料而产生的各种沟通成本。特别是重要的沟通内容需要记录、总结、输出，这样一方面可以帮助大家回顾和总结沟通内容；另一方面能使沟通内容得到跟进和落实，避免在繁忙的工作中，因为没有持续跟进而造成不必要的纰漏。

常用资料一般可以存放在社群文件夹里，需要分类整理的可以存放在有道云协作之类的云协作工具或百度云盘、360 云盘里。这样大家就可以根据自己的工作需要自行寻找和下载相关的数据、图片、视频等。

分类整理时，可以把资料分类归档为：团队成员资料库、团队标准作业程序

（Standard Operation Procedure，SOP）库、内部素材资料库、嘉宾资源库、社群成员资料库、媒体资源库、线上活动资料库、线下活动资料库、紧急事件预案库、项目总结归档库等。

资料及时分类和归档后，后续报道或相关文章的撰写就会变得相对容易。

6.3 留住社群运营人才

社群运营人才往往熟悉社群运营的流程和制度，他们投身于社群运营的日常工作，负责维持社群的正常运转。他们对社群运营工作的参与度高，对社群的归属感、成就感会比一般社群成员强，对社群的贡献也较大。他们的存在是社群良性发展的重要条件。但是，社群运营人才的离开仍然会贯穿社群发展的整个时期。因此，当有社群运营人才要离开社群时，社群运营者需要了解其离开的原因，改善社群的管理模式，提高人才的留存率。

▶▶▶ 6.3.1 社群运营人才流失的原因

社群运营人才流失有以下几个常见的原因。

1. 工作量大

社群在初期没有形成规模的时候，各方面的机制都在完善之中，都需要从无到有地去梳理、建设、输出，工作量可能会很大。当社群形成规模后，沟通会变得较为困难，各方的合作和事务的数量也会跟着增加，工作量依然很大。如果没有合理的安排，高强度的工作就会影响到社群运营人才的日常生活，甚至引发他们的不满。如果不能及时处理，很容易造成人才流失。

2. 回报较低

许多社群一开始并不是以公司形式运营的，由于经费有限，甚至没有经费，采用的是志愿者模式或兼职打赏模式。社群运营人才的付出和收获之间的差距较大。

如果社群管理不善，社群的定位和发展前景不清晰，一味让人埋头干活，既没有重视社群运营人才在社群中的价值，也没有让他们在社群中得到应有的回报。如果出现其他发展平台，花费同样的时间和精力，他们预估自己会有更大的回报，那么离开也是迟早的事了。

3. 成长停滞

社群中有一部分运营人才在社群发展初期势头很足，能够挑起社群中的大梁，但是在社群发展中后期失去发展动力，没有跟上社群发展的脚步，无法在社群中找到他们的位置。

如果这些社群运营人才在之前对自己的期望很高，社群对他们的期望也很高，那么当面对个人成长停滞时，他们就会产生巨大的心理落差，甚至怀疑自己的能力，从而可能选择逃避无法再回馈社群的现实，这会加速他们离开社群的步伐。

4. 内部分歧

一个有很多分歧的团队是一盘散沙，没有凝聚力。在这样的团队里，大家会觉得工作氛围差，得不到理解，没有成就感，从而会产生离开团队的念头。

5. 前途不明

经过发展活跃期后，整个社群活跃度下降，用户黏性变弱，开始走下坡路。社群运营人才看不到社群的未来，觉得继续留在社群是浪费时间，会考虑另寻出路；或者觉得社群过于弱小，有其他实力强大的社群来"挖人"的时候，会选择加入更强大的社群。

▶▶▶ 6.3.2　留住社群运营人才的方法

归根结底，社群运营的真正挑战是建立一套适用于互联网工作的组织模式，而不是天天谈"去中心化""连接一切"之类的概念。

一个社群如果能够做好运营流程建设、内部沟通机制、团队组织分工、运营绩效评定、商业收益转化几个维度的工作，使社群运营人才有畅快的工作心情、有积极的工作氛围、有合理的工作回报、有可控的工作时间，那么他们就会更愿意留在社群内。

因此，在社群运营团队管理社群的过程中，需要做好以下几个方面的工作。

1. 持续完善社群运营流程

要逐步将工作标准化，减少社群运营人才耗费在投入产出比低的琐事上的精力。例如，秋叶系社群的运营团队一直在强调社群运营工作流程的标准化。一开始，课程开发、内容运营、产品推广和客户服务等工作都由两个人负责。随着社群规模快速扩大，团队逐渐总结了一些工作方法，诸多工作流程逐渐标准化。后来，团队把一些非核心业务外包出去，这样既可以保留社群运营人才的精力，也可以控制运营工作的质量。当然，这个标准化流程并不是制定好就不会改变的，随着社群的发展，社群运营工作的标准化流程需要持续的优化和完善。

2. 不要追求大而全的管理模式

很多管理思想都强调把正确的人放在正确的位置上，合理分工，尽量让成员做自己擅长的事情。社群运营团队的管理也应如此。社群运营人才并不需要全部聚集在一个群里或加入全部的在线聊天群，这会给社群运营人才带来极大的信息过载负担。因此，社群运营团队可以使用"核心群＋多讨论组"的管理模式。

例如，在秋叶 PPT 社群的运营团队中，有的运营人才的兴趣点在与专业课程内容有关的问题上，那么社群的日常运营工作就不用让他们参与，以减轻他们的信息负担。

3. 建立情感连接

社群运营人才由于经常一起工作，彼此之间很容易建立情感连接。而一旦建立起情感连接，大家就更有可能团结一致。

因此，管理者要经常鼓励社群运营人才互相关心、互相帮助。当一个人有好事发生时，鼓励大家给予祝福；当一个人遇到困难时，也要发动社群资源帮助他克服困难。

4. 设置弹性组织架构

有些社群运营人才是以兼职或志愿者的形式来为社群工作的，那么当他们在本职工作和学习与社群运营工作相冲突时，他们就只能选择退出。而如果采用弹性组织架构，设置组织架构的"高速区"和"低速区"，当兼职社群运营人才的本职工作繁忙的时候，允许他们在"低速区"，只处理少量的社群运营工作；当兼职社群运营人才空闲时，就鼓励他们进入"高速区"，多负责一些社群运营工作。这样就能给兼职社群运营人才一个回旋的余地，他们就可以更好地平衡自己的本职工作和兼职工作。

5. 建立合理的回报机制

回报机制合理才能留住社群运营人才。

在社群发展初期，留住社群运营人才主要靠社群运营人才从社群运营中获得的成就感。要想留住社群运营人才，就要让社群运营人才觉得自己的存在是有必要的，他所做的事情是有价值的，而且他在社群里能够找到自己的定位，有归属感。

随着社群的发展，社群运营人才开始深度参与社群的运营，为社群的发展出谋划策，见证社群的成长。那么，社群对他们来说，就不再只是一个平台，更像是自己的作品和陪伴自己的朋友。他们已经与社群建立的深厚感情也不会轻易割舍。

当然，当社群获得盈利能力后，社群就需要建立一套清晰的奖惩制度和绩效考核制度，让付出有效劳动的社群运营人才获得相应的经济回报，让精神力量有经济回报的支撑。

6. 及时清理"不同频"的人

对于社群运营人才，管理者应"用人不疑、疑人不用"，要给予其足够的信任和尊重。真正的信任能调动社群运营人才发挥自己的主观能动性，提高其参与社群事务的积极性。但是对加入社群后表现得很积极，但是并没有真正认同社群核心价值观的人，或者加入社群的目的是谋取个人名利的人，管理者也要及时清理。留下一个"不同频"的人就是伤害大部分志同道合的人。

及时清理"不同频"的人，把内部矛盾从源头肃清，使成员的价值观保持一致，能增强团队的凝聚力。

7. 提升社群自身的品牌影响力

社群发展的根本在于逐步提升自身的品牌影响力，这种影响力是社群运营人才带不走的。相反，影响力越大的社群，社群运营人才越不舍得离去，因为离去意味着失去一些资源和发展的机会。

因此，社群运营团队的管理者需要用长远的目光来规划社群的发展，提升自身的品牌影响力；并通过社群品牌影响力，来提升社群运营人才的能力和影响力。这样，这些表现突出的社群运营人才即使有离开的念头，也会慎重考虑，不会轻易离开，从而保持了社群健康发展的节奏。而普通的社群运营人才因为看到了社群的发展和自身的成长，也会更珍惜留在社群的机会。

6.4 设置合理的社群运营 KPI

关键绩效指标（Key Performance Indicator，KPI）是衡量流程绩效的一种目标式量化管理指标，是线下组织常用的绩效管理手段。如今，社群运营团队也常将 KPI 作为考核运营成果的指标。

▶▶▶ 6.4.1 判断社群是否需要设置 KPI

规模较小的社群因为不确定因素太多，不宜设置 KPI，强行设置 KPI 可能会降低社群运营者的工作热情。而对于运营团队已经十分完善的社群来说，若其不设置 KPI，可能会影响运营目标的实现。

需要说明的是，KPI 对社群来说是一把双刃剑。KPI 虽然能够使社群的运营工作紧紧围绕目标执行，但若过于追求 KPI，可能会导致社群运营者忽略运营细节，缺乏创新和尝试。

因此，是否设置 KPI 需要根据社群的需求来定，看社群是否需要用 KPI 作为促使目标实现的工具。

增强用户黏性和提高留存率、建立自有传播渠道，是社群在运营的一开始常见的基本战略目标，无法用简单的 KPI 来体现。所以，社群运营的第一阶段不宜设置 KPI，但是需要设定目标，需要进行运营数据分析。

有的社群以产出质量作为目标要求。他们主动采取行动以实现目标，清楚应采取什么行动来实现目标，而不需要设置 KPI。例如，秋叶 PPT 团队开发在线课程，就是以各种开发课程的质量来决定相关人员的回报，并没有设置 KPI 来考核其业绩。

有的社群运营团队的管理处于无序状态，大家常常感觉信息不对等、商业利益分配不公平。这样的社群为了让大家感觉到管理者能公平、公正地处理问题，需要借助 KPI 这种具备一定主动性的契约式目标管理指标来增强团队成员的执行力，并控制成本。

此外，KPI 是对社群运营目标的进一步细化，设置 KPI 是为了实现社群的运营目标。而社群是有生命周期的，在生命周期的不同阶段，其运营目标也会不一样。当社群运营侧重点转移时，管理者需要同步修正 KPI 来反映社群的新战略。

▶▶▶ 6.4.2 社群运营 KPI 的类型

常见的社群运营 KPI 有 4 种：用户新增量、群活动频次、活动参与度、转化率和复购率。在此依次介绍这 4 种 KPI 的用法及注意事项。

1. 用户新增量

用户新增量包括社群用户增长量（即社群成员增长量）和社群相关新媒体用户增长量等，是社群运营的一个基础指标。如果一个社群没有新增用户，这个社群在某种程度上来说就已经"死亡"了。

社群可以考核用户新增量，但是不能过于在意这一指标。有的社群运营者过于在意用户新增量，采取高额奖励手段引流，导致大量无效用户、"潜水"用户加入社群，这样并没有意义。有的社群运营者为了给社群相关的微信公众号"吸粉"，使用哗众取宠的标题来吸引用户打开，但内容质量无法保证，社群成员就会对此感到失望而纷纷取消关注甚至退群。

2. 群活动频次

社群要维持社群成员对社群的认可度，常见的做法是组织一些群活动。是否按一定节奏安排群活动，群活动的安排是否保持适当的频次，是评估一个社群运营是否规范的标准。

每一场群活动都需要根据社群成员的兴趣点、利益点来策划和组织。某些社群运营者为了不让社群死气沉沉，策划一些没有营养的话题讨论，不但不能活跃气氛，而且会让人觉得群里信息太多，只能屏蔽群消息或直接退群。

3. 活动参与度

活动参与度可用来评估社群成员是否积极参与活动。社群的活动参与度是评估一个社群运营质量的指标。

有的活动看起来可能意义不大，如步数排行榜，但这种活动的参与度很高，一方面是因为几乎每个人每天的步数都会更新；另一方面是因为它符合人的"竞争"心理——"我要比别人走的步数更多一点"。因此，这样的活动不仅参与度高，很多人还会为了占领榜首，而在截止时间到来之前"刷步数"。

可见，如果要提高社群成员对一个活动的参与度，需要做好两个方面的工作：首先要降低参与门槛；其次是这个活动要迎合社群成员的某些心理。例如，在活动原本的架构上增加一点儿"竞争"感。

4. 转化率和复购率

如果社群有商业化产品，就可以考虑转化率和复购率指标，这是社群常用的运营指标。转化率高意味着回报高，复购率高意味着能获得稳定的回报。

然而，转化率和复购率指标应该建立在社群已经获得社群成员信任的基础上。如果社群成员对社群还没有产生信任和黏性，社群运营团队就盲目推出产品希望完成商业转化，最终的结果可能是社群成员因为难以完成指标而对社群运营模式丧失信心。

此外需要注意的是，KPI 用于对社群运营工作质量的衡量，而非用于对社群运营过程的管理。社群内每个职位的工作内容都涉及社群运营的不同方面，核心管理人员的工作可能更复杂。KPI 只能帮助评估社群整体战略目标的进展，而不能评估日常运营的工作量和效率。

另外，和企业 KPI 不同的是，社群 KPI 不能由社群运营团队的上级强行确定。在社群内不能搞"一言堂"，不能搞以上压下，更不能搞普遍化的绩效考核，因此建议只对核心运营团队、获得利益回报的人进行绩效约束。社群 KPI 应是社群运营团队内部经过讨论共同确定的结果，社群 KPI 只有是社群运营者自己内心想完成的 KPI，社群运营者才愿意积极发挥自己的主观能动性去完成。

6.5 建设社群运营人才储备机制

在社群的日常运营中，运营人才的储备非常重要。如果社群没有运营人才储备机制，一旦负责某些工作的人员突然离开团队，其他人可能就会因为不懂工作内容或工作节拍跟不上运营流程，而打乱社群的正常运营节奏。

建设社群运营人才储备机制有两种方法：一是挖掘有运营潜力的社群成员；二是培养社群运营新人。

▶▶▶ 6.5.1 挖掘有运营潜力的社群成员

挖掘有运营潜力的社群成员包括以下 3 个关键环节。

1. 考核有运营潜力的社群成员

第一个环节是寻找有运营潜力的社群成员，并提前对其进行考核。这个过程包括以下 3 个步骤。

（1）内部推荐。由一些长期陪伴社群成长的人从社群内推荐优秀的社群成员。

（2）明确推荐理由。推荐者需要写一封推荐信，说明推荐理由和被推荐者的背景，具体包括被推荐者是谁，他是什么时候加入社群的，他做了哪些事情让推荐者觉得他可以胜任更重要的角色（需要列举客观事实和具体数据），推荐者对他的评价（主观看法）。

（3）进行任务测试，以检验被推荐者的能力和意愿。

2. 培养观察员

很多社群活动并不需要太多人参与执行。即使是几个人，也可以让社群活动顺利进行下去。因此，刚刚通过考核的被推荐者可以先担任社群活动的观察员。

担任观察员的任务是了解整个活动流程，而不是做具体的工作。观察员需要有"了解全局"和"观察细节"的意识，能够留意运营细节，理解每个细节的意义，从而对社群运营活动有更深入的思考，学到更有用的运营方法。

由于观察员能够在社群内通过耳濡目染的方式了解社群的运营模式和运营方法，当运营过程中出现突发状况时，观察员可以及时上场解决问题。

3. 完善社群运营岗位工作移交说明书

一旦观察员表现合格，就可以将其培养成正式的社群运营人才，让其负责一些社群运营工作。此时，为明确其工作内容就可以使用社群运营岗位工作移交说明书。

社群虽然是非正式组织，但也需要有岗位职责说明书和岗位工作移交说明书。因为在网络环境中，人员变动频繁，如果没有辅助文件体系帮助，沟通效率会比职场中面对面沟通的效率低很多。

有的社群规模不大，大家互相熟悉，彼此有默契，可能不需要任何说明书都能把工作完成得很好。而在规模较大的社群中，社群运营人才可能遍布全国各地，而人员变动又非常频繁，此时，社群必须像企业一样编写岗位职责说明书。由于在网络环境中，人员变动的可能性更大，因此，岗位职责说明书中还应配备岗位工作移交说明书。

一份规范的岗位工作移交说明书主要包括以下内容。

（1）对社群现状的简介（详细说明各部门主要工作内容及人员分工安排）。

（2）工作内容，即该岗位的工作职责。

（3）正在推进的工作，推进中存在的问题及后续注意事项。

（4）后续工作推进计划。

（5）提交汇总的文献资料和资料清单。

此外，对于敏感信息，团队管理者需要单独告知接管人留存，如微信公众号、微博、公共邮箱等的账号及密码等。

而完成以上信息的交接之后，团队管理者就需要正式向团队成员及诸多社群成员介绍接管人，以方便接管人后续开展工作。

移交说明书的作用是让接管人快速开始工作。在现实情况允许的情况下，可以让移交人和接管人花一段时间共同推进工作，这会让工作的交接更为顺畅。

▶▶▶ 6.5.2　培养社群运营新人

有一定规模的社群需要定期引入新人。由于新人对社群活动的参与积极性高、投入的时间较多，社群运营团队需要积极主动地挖掘新人、培养新人、给新人机会，让他们尽快融入团队。只有愿意培养新人且能够持续不断地引入新人，才能形成一个真正健康的社群运营团队。

1. 识别值得培养的新人

要培养新人，首先要识别值得培养的新人。根据经验，值得花时间和精力去培养的新人往往具备以下两个特点。

（1）团队至上

社群是基于网络的，人才的流动性也大。如果一个人愿意跟着社群一起成长、面对困难、共担责任，哪怕他的能力并不突出，他也是值得培养的。

这样的人往往愿意为社群服务，愿意在运营团队内部分享经验，愿意跟社群一起实现更为长远的目标。他们喜欢在社群内分享，通常会受到社群运营团队的喜爱，得到更多的鼓励，因而会做出更多的分享，对社群和社群运营团队的黏性更强。他们的存在可以使社群的凝聚力更强。

（2）积极主动

积极主动的人有较强的上进心和学习能力，能主动通过各种方式学习知识和提升自我。他们的执行力较强，能根据反馈及时调整行动，实现螺旋式的自我进步。在工作中，他们会主动给自己安排任务，甚至在还没有收到下一步任务的指令时，就已经把下一步该做的提前做完了。

培养这样的新人，社群运营团队会付出较少的培养时间和培养成本。因此，这类人是应该重点培养的人。

2. 提供成长指导

很多社群在新人加入后就需要其立即开始工作。因此，为新人提供成长指导是一项非常重要的工作。

例如，橙为社群会为新人提供详细的"新人成长手册"，积极主动的新人可以通过自学了解社群规则及相关运营知识。

又如，在秋叶系社群中，运营团队会定期组织核心成员在线下聚会，会上除了常规的娱乐项目外，社群创始人秋叶大叔还会联合行业"大咖"现场分享社群运营的观点、经验。而对于线上兼职运营人才，秋叶系社群的管理层也会经常利用出差的机会与在出差地的兼职运营人才在线下聚餐交流。通过线下的见面交流，兼职运营人才会更加认同社群。

此外，对于还不太了解社群运营工作的新人，可以考虑为其配备一位经验丰富的运营人员作为他的专属教练。这样，在重要节点或容易被新人忽视的节点，教练就可以给新人明确的提醒。有经验丰富的前辈在一旁适时指导，新人往往能够快速成长。

如果条件允许，也可以采用师徒制来帮助新人成长。师徒制可以使社群运营人才之间建立更牢固的感情连接。新人在执行任务的过程中遇到问题时，可以直接找师父请教，以获得及时的帮助。

3. 提倡试错文化，鼓励尝试

新人对工作从陌生到熟悉，一定是需要不断实践的。在以老带新的过程中，指导者如果事必躬亲，不仅会拉低团队合作效率，还会让新人养成依赖思想。因此，建议先放手让新人去做，并给予其足够的资源支持。指导新人时，指导者不要随便把自己的想法强加在对方身上。为了避免风险，可以先让新人独立完成一些简单的工作。积累一些经验后，就放手让新人独立负责某项活动，以此来锻炼他的综合能力，并通过复盘总结实现其能力的螺旋式上升。

要让新人敢于尝试，社群运营团队就需要提倡试错文化，即允许新人犯一些不触及底线的错误，并引导新人总结犯错的原因，找到改进方法，从而实现能力的增强。

秋叶系社群比较注重价值内容的输出，因而会通过比较各项运营数据来评估工作质量。社群运营团队会不定期结合数据同创作新人交流文章主题方向和调整改进建议，鼓励其尝试新的写法、挑战新的主题，避免内容创作陷入停滞或重复状态。对于调整改进的部分，社群运营团队不会要求新人一步做到位，允许部分内容不被市场认可。但对于数据不好的文章，新人需要总结原因，寻找改进方向，逐步完善。

4. 设置晋升机制和回报机制

社群的晋升机制不同于企业的晋升机制。企业的晋升机制一般是金字塔结构，是从一线员工晋升至管理层，一层一层获得更高的管理权限；而社群的晋升机制则是圈层结构（见图6-4），是从社群运营的外圈（新人圈、兼职圈或实习圈）进入中间圈（正式员工圈），再进入内圈（核心员工圈）。

图 6-4　社群圈层结构的晋升机制

在这种圈层晋升的过程中，可能并没有明显的管理权限的提升，核心员工可能也是执行层员工，而不是管理层员工；但会有工作内容、精神回报和物质回报的增加，即核心员工承担更多的社群运营责任，可以获得更多的回报。

例如，在橙为社群中，社群运营人才被划分为 3 个圈层：新人团队、"咖啡厅"团队、"CPU"团队（CPU 原指"中央处理器"，即计算机系统的运算和控制中心。在此"CPU"团队代指"核心团队"）。刚加入橙为社群运营团队的人才一开始属于新人团队。在通过为期一个月的实习期后，可以晋升到橙为"咖啡厅"团队，拥有橙为社群运营团队的编制；橙为"咖啡厅"团队的人才如果表现特别优秀，可以被选拔进入橙为"CPU"团队，作为社群运营团队的核心人才。在不同的圈层，社群运营人才可以获得不同的社群福利。"CPU"团队成员能优先得到社群内的任何福利，"咖啡厅"团队成员能得到编制福利，新人团队成员在实习期内一般没有福利。

可见，圈层结构的晋升机制可以让新人有更大的动力增强自身的运营能力。

思考与练习

1．简述选拔社群运营人才的 5 个标准。
2．如何建立社群运营团队的沟通机制？
3．简述留住社群运营人才的策略。
4．如何判断社群是否需要设置 KPI？
5．简述为社群储备运营人才的方法。

第7章
扩大社群规模的前提条件和策略

社群度过从 0 到 1 的生存期后，社群运营团队往往就会思考如何把社群规模做得更大。大规模是社群普遍追求的发展目标。因为在很多人看来，规模越大的社群，可挖掘的商业价值越大。那么，扩大社群规模有哪些注意事项呢？如何扩大社群规模呢？

7.1 明确扩大社群规模的前提条件

有的社群连运营模式都还没有稳定下来，刚建立了口碑就想快速扩张，结果社群运营团队跟不上，一点好口碑很快就被消费掉了。这样的社群相当于还没有走稳，就急着跑，失败当然在所难免。社群规模并不是越大越好。其实在没有做好准备之前，盲目扩大社群规模，就会越快进入衰退期和沉寂期。

扩大社群规模需要满足以下 3 个前提条件。

7.1.1 了解扩大社群规模的目的

如果想要扩大社群规模，首先要考虑的一个问题：为什么想要扩大社群？在扩大社群规模之前，一定要想清楚这个问题，否则，盲目操作可能会产生反作用。

有的人只是单纯地认为，社群规模越大越好。他们觉得，拥有几万个社群成员的群才是社群，社群成员少的群就不能被称为社群。

其实，在现实中，小而优的社群往往生存得更久。由于社群的核心是情感归宿和价值认同，社群规模越大，社群成员情感分裂的可能性也就越大。

社群运营者可以换个角度思考一下：如果进入一个人数很多的社群，你做的第一件事是什么？是不是立即开启屏蔽群消息功能，等自己有时间再去翻看群消息？

在人数多的社群里，人和人之间的连接度较低，人和人之间相识及互相了解的成本也更高；能激发每个人都参与讨论的话题很少，无用信息很多，读取信息和筛选有用信息的成本也很高。

相反，在人数少的社群里，话题往往更有针对性，话题参与度更高。不习惯在群内发言的人也容易被识别出来，社群运营者便可以通过一对一连接和有策略的引导，使他在社群中活跃起来，或者通过其他方式提升他在社群中的活跃度。

可见，虽然人人都想组建人多的大社群，但是，人人都喜欢待在小社群里。

因此，扩大社群规模之前一定要弄清楚扩大社群规模的目的，并理性判断扩大社群规模能不能达到该目的，即认真考虑以下两个问题。

（1）希望通过扩大社群规模来解决什么问题？

（2）扩大社群规模是否真的能解决这些问题？

如果扩大社群规模不能真正解决想要解决的问题，那么，当下可能并不是扩大社群规模的最好时机。

▶▶▶ 7.1.2　做好扩大社群规模的资源准备

扩大社群规模之前，还要考虑第二个问题：是不是真的有能力管理大规模的社群？

要想扩大社群规模，就要从人力、财力、物力、精力等多个角度综合考量。规模的扩大意味着投入的增加，要考虑相应的投入产出比是否能够支撑社群的新规模。

例如，某个号称有20万年轻人的社群曾尝试做一场50万人的线上发布会，但最后只来了7万人。然而，仅仅7万人就导致局面失控了，这7万人中有争吵的、有发广告的……给品牌造成了很不好的影响。社群运营团队复盘后，开始严格控制社群的规模和社群成员的质量。

很多社群在扩大规模的过程中一般会遇到两大难题。

（1）没有合适的运营人才。社群规模一旦扩大，可能会马上引起社群运营失控，从而导致社群口碑急剧下降。

（2）没有足够的管理人才。有的社群在扩张时为了有足够的运营人才，会在短时间内扩张运营团队。而运营团队的快速扩张会导致管理成本增加，如果让没有足够的管理经验的人去管理运营团队，他往往处理不好运营团队的内部冲突。

要解决以上难题，一个比较有用的方法是"先慢后快"。在社群运营前期，社群运营团队就要有意识地去积累各种人才；等需要扩大社群规模时，就可以让人才各就其位、各司其职。

例如，秋叶PPT团队经过3年的发展，从运营1个群增加到运营30个群，但真正一直保持活跃的群现在总体控制在6个，更多的群是有事就"激活"一下，平时"不激活"。

秋叶PPT团队虽然也愿意把活跃群扩大到30个，但是不能确定现有的运营人才能否胜任规模扩大后的运营工作。6个活跃群在管理层看来已经够多了，一个群可以容纳2000人，6个群的总人数很可能破万。1万个人管理起来已经有些吃力，更不用说在运营过程中，还需要足够的人才为社群成员服务，如答疑、更新资料、通知课程升级信息、通报新课程上线信息、解决社群成员的个性化问题等。人数越多，工作量也越大。就这样，考虑到还没有足够的运营人才去激活30个群，更多的时候，团队只在每个群成立的第一个月，开设一个高活跃度的21天训练营，然后进入低活跃度维护模式。

因此，如果找不到足够的运营人才和管理人才，也没有明显的盈利方式，最好不要轻易扩大社群规模。

社群规模扩大的逻辑是，先从社群内部和社群外部找到一些社群运营人才，让他们成为社群运营团队的核心成员，然后再让他们作为社群的种子用户逐步加入复制形成的新社群，并引导新社群向良性的方向发展。这样形成的规模化社群才是可控的。

以秋叶 PPT 学员群为例，其先成立了"和秋叶一起学 PPT 1 群"，在开放人员加入之前做了大量铺垫，使得社群成员的数量快速突破了 300 人。这也是最活跃、复购率最高的秋叶 PPT 社群，因为这个社群的主要成员是当年课程一上线就毫不犹豫支持秋叶大叔的人，这是"铁粉"群。

这个社群也涌现了大量优秀的社群成员，他们先后被引入核心运营群，他们的角色也就从社群成员转变为社群讲师去答疑、互动、引导，后来又转变为秋叶 PPT 系列课程的开发主力。

这样，随着社群的发展，社群的运营力量和师资力量也在不断地获得提升，此时再去扩大社群规模，招募更多社群成员，就不会降低社群的服务质量或降低社群成员的体验。

▶▶▶ 7.1.3　明确社群文化复制模式

任何组织想要持续存在就必须形成一套有鲜明特征、打上自己烙印的文化体系。因为资源会枯竭，唯有文化才能生生不息，这是社群生命力的核心，也是社群得以复制的核心。

以秋叶 PPT 学员群为例，秋叶大叔带领运营团队先成立了第一个社群"和秋叶一起学 PPT 1 群"，等社群运营进入良性循环后才开始启动第二个社群的建设。在第二个社群筹备期间，运营团队通过事先沟通，转移了第一个社群的部分老社群成员到第二个社群，于是第二个社群刚建好就已经拥有了一定的规模，这样，新人入群时就会对社群产生良好的第一印象。同时，老社群成员在群里自然而然地就会按照第一个社群的规则把"自觉不刷屏""禁言文化"传承下去，并引导新社群成员遵守这些社群规则，这个过程几乎不需要运营团队的干涉和引导。

等第二个社群人数快满的时候，运营团队开始建设第三个社群，同样交叉引入老社群成员和新社群成员。后续的第四个社群、第五个社群、第六个社群的建立和运营也都是如此。将新老社群成员结合，会让入群的人一开始就感觉自己加入了一个人数较多的社群，容易形成"抱团"在线学习感，又借助老社群成员自然传承下去的禁言文化，为社群管理打好基础，社群文化也就自然得到了复制。

就这样，社群规模以一种有序的方式逐渐扩大，虽然人数众多，但通过规范的运营，新老社群成员都可以快速认同社群文化、遵守社群规则。

这样的社群文化复制经验也被其他社群运营团队用在其他社群的运营上。例如，在秋叶系高端社群"个人品牌 IP 营"中，社群运营团队会在新一期开始时，优先邀请上一期的老社群成员加入，每一期都有 50%的社群成员是"老社群成员"，他们很自然地把老社群的聊天氛围带到新社群。这样，新人加入新社群后，会自然地去适应社群氛围，被同化后就很容易适应社群的内部交流风格。

只有确保社群的文化基因可以复制，社群的影响力才会随着社群规模的扩大而增强。

7.2 基于时间的多期社群链

基于时间的多期社群链，即常见的"××群 1 期""××群 2 期""××群 3 期"类的社群链。在这样的社群链上，不同的子社群有不同的建立时间和活跃时间。需要注意的是，当新社群构建完成并开始活跃的时候，前期的子社群的活跃度一般会降低。

基于时间的多期社群链上的子社群往往具有相同的社群定位、社群主题及稳定的运营团队。其首期的运营效果决定着后续是否会有更多的子社群。如果首期社群运营顺利，运营效果较好，找到了合适的变现方式，且社群的口碑不错，那么，社群运营者就会在首期运营的中后期开始策划二期，以吸引新人加入子社群。

随着一期一期的累积，基于这个社群主题的社群链就会变得很长，社群就会拥有庞大的社群规模，在该主题领域具有更大的影响力。

以在线课程为主要输出价值的社群，可以使用多期社群链的扩张方式。打造多期社群链包括以下 3 个关键步骤。

▶▶▶ 7.2.1 逐步发现核心运营人才

打造基于时间的多期社群链最好的策略是"以老带新，滚动发展"，而不是"积极宣传，快速增量"。逐步发现核心运营人才的过程如下。

（1）先建立一个优质的社群，一边运营一边发现运营人才。

（2）通过社群成员的更新留下"同频"的人，让其加入运营群。

（3）在运营群中指导运营人才掌握社群运营技巧，培养其运营能力，并安排他们负责运营助理的工作。

（4）等到拥有足够多的运营人才，以及现有社群规模扩大到一定程度后，再带着他们中的一部分人建立新社群。在新社群中，引导他们一段时间后，便可放手让他们独立负责运营。

（5）在新社群的运营过程中，如果发现了特别优秀的运营人才，要及时引导他加入核心运营群进行培养。

如此循环下去，就可以不断地从社群发展过程中发现运营人才，也可以不断地为运营人才提供成长的环境。

例如，剽悍一只猫的"22天行动训练营"就是先在剽悍一只猫的核心粉丝群里找到一批优质的社群成员，请他们加入运营群，然后定期或不定期和这些社群成员分享、交流运营经验，逐渐将他们发展成新的"22天行动训练营"的班主任、组长，让他们带着新的社群成员一起学习，等在新的社群成员中发现了运营人才，又将其导入运营群进行培养。

▶▶▶ 7.2.2 在首期社群中打造社群的口碑

在实际运营中，可以采取以下3种方法打造社群的口碑。

首先，在社群建立之初，安排几名运营团队的成员在社群中不断引导社群成员关注有用的信息，关注收获，关注技能的习得，关注自我提升，并引导其分享，从而让社群成员感知社群的价值。

其次，在首期社群以及前几期社群中，所有宣传文案只需要准确描述社群价值即可，甚至在宣传社群价值时要有所保留。这样，加入社群的成员就会时不时地发现"惊喜"，从而愿意主动宣传社群。

再次，在新媒体平台提高社群曝光度。例如，阅读类社群可以引导社群成员阅读后通过思维导图、PPT 或手绘制作一份高质量的读书笔记，并引导其将读书笔记分享到微博、微信朋友圈。这样一方面可以让社群成员获得被关注、被赞赏的成就感，另一方面可以提高社群的曝光度。

▶▶▶ 7.2.3 收集反馈信息，快速迭代

很少有社群从一开始就能做得完美。很多社群都在实践中走过弯路，改进后才找到适合自己的发展路径。因此，在首期社群运营时，社群运营者还需要定期或不定期地收集社群成员的反馈，根据反馈快速迭代，逐渐完善价值体系，从而获得真正独特的竞争力。

在条件允许的情况下，可以模仿小米建立小米社区的模式，建立一个社群成员可以自由交流、自由点评社群价值的意见小社群。在这样的小社群内，社群成员可以畅所欲言，谈论社群的价值、社群的产品或服务、社群的品牌，社群运营者从中可以收集社群成员对社群真正的反馈，并根据反馈进行迭代优化。

这样，当社群成员看到自己的反馈被采纳时，他就会受到激励，更愿意跟社群站在一起，为社群的发展出谋划策，从而社群拥有较强的凝聚力。这样的凝聚力也是社群继续成长壮大的助力。

7.3　基于空间的地域社群链

随着社群成员的不断增加，社群内会逐渐形成新的文化，尤其会呈现出明显的地域特征。同一个地区的社群成员关注的话题往往更为相似；而一个地区的社群成员激烈讨论的话题，其他地区的人可能会毫无兴趣，因为他们的生活环境不同，也就产生了不同的沟通需求。

因此，在人数多的庞大社群内很容易出现话题无法统一的情况。此时，社群运营者就需要进行地域化建设，这就是经常在各大社群中见到的"分舵模式"。

这种基于空间建立的地域社群链是很多社群常用的复制模式，因为这样可以快速扩大社群的规模。不过，这种模式会因为社群扩张速度过快，而难以培养出合格的运营人才、复制好的社群文化，从而导致大量的加盟社群运营一段时间后就沦为"灌水群"和"广告群"，和主社群脱节，影响社群口碑。很多社群选择了快速扩张，反而走向了衰败。

因此，要基于空间构建地域社群链，需要做好以下3件事。

▶▶▶ 7.3.1　设定明确的申请门槛

多数"分舵"社群并不是由主社群直接管理的，因而可能会出现管理混乱的情况。

为了保障"分舵"社群的运营和发展，主社群需要制定专业的申请章程，明确"分舵"社群的权限是什么、"分舵"社群管理者必须具备什么样的条件、"分舵"社群的建立需要具备什么条件等。"分舵"社群管理者必须按照主社群的要求填写申请书，主社群管理者需要判断申请书中的内容是否真实，"分舵"社群管理者及其团队是否有足够的时间维护"分舵"社群、是否有组织活动的经验与能力，不合格则不予批准。

这样的申请门槛和筛选机制可以让"分舵"社群管理者明确自身的权利与义务，从而以专业的态度和素养来运营社群。

一般情况下，申请书需要包括以下内容。

（1）"分舵"社群管理者的个人介绍。

（2）"分舵"社群管理者对主社群的了解。

（3）"分舵"社群管理者是否愿意接受主社群的监督，是否认同主社群文化。

（4）"分舵"社群管理者是否有足够的时间管理"分舵"社群。

（5）"分舵"社群管理者是否有组织线下活动的经验。

（6）"分舵"社群管理者是否在其区域内具有知名度。

（7）"分舵"社群管理者是否愿意接受培训。

▶▶▶ 7.3.2　有明确的角色要求

成立"分舵"社群类似于成立实体企业的分公司，并不是仅仅招募一个管理者就可以使"分舵"社群正常运转起来的。因此，主社群在制订建立"分舵"社群的计划时，也需要考虑"分舵"社群的运营需要哪些角色，对各个角色各有什么要求。

例如，橙子学院实行"橙子合伙人制度"，每个城市有 3~20 名合伙人，大家做好角色分工，在合伙人群中相互交流经验，定期分享观点。

在"橙子合伙人"招募通知中，设定了"橙市长""策划橙""资源橙""宣传橙""微信群运营橙"等角色，各种角色要求如表 7-1 所示。

表 7-1　橙子学院"橙子合伙人"的角色要求

角色	角色说明	技能要求
橙市长	愿意带领大家一起成长，有责任感、有担当、能服众的"超级英雄"	1. 搭建本地合伙人核心团队，建立组织架构，开展社群活动 2. 与其他合伙人交流切磋，一起完善社群发展战略 3. 提交每月发展报告
策划橙	点子多、想象力丰富、擅长组织各种活动的创意"达人"	1. 策划线上、线下社群活动并落地执行 2. 做好活动反馈调查表
资源橙	喜欢参加各种社群活动，有一定的学习资源、讲师资源和场地资源	1. 对接讲师、场地 2. 熟悉活动组织流程和注意事项
宣传橙	喜欢摄影、写作，喜欢新媒体，擅长运营公众号	1. 集齐几位宣传团队成员，包括摄影师、公众号运营人员、文案人员，一起展现社群活动的精华 2. 收集社群活动的相关照片和信息，做好宣传工作
微信群运营橙	幽默有趣，善于活跃气氛，喜欢线上社交并且愿意花时间和社群成员打成一片	1. 和策划橙一起带领大家头脑风暴 2. 幽默有趣，能活跃气氛

此外，橙子学院还要求各地合伙人社群成立后完成一些任务，具体如下。

（1）建立地方微信群和地方管理团队，学习社群运营的相关技巧，完善社群管理制度。

（2）若无特殊情况，每月至少组织一次线下活动并撰写回顾文（回顾文要求有照片、文字）。

（3）建立地方专属公众号，作为信息发布平台。

（4）配合主社群落地执行各项工作。

这样明确的角色要求以及职责要求，有助于吸引合适的"分舵"社群管理者，从而确保"分舵"社群正常运转。

▶▶▶ 7.3.3　主社群与"分舵"社群互动

对于"分舵"社群，主社群应当给予其足够的关注。例如，"分舵"社群若要举办大型活动，主社群应当在微博、微信等平台进行预告、展示，帮助"分舵"社群增强活动的影响力。主社群甚至可以提供道具和活动材料，并派遣专人前往现场，使"分舵"社群的运营更为专业、合理。

例如，女性励志社群"趁早"总部有专业的运营团队，有官方微博、微信公众号；在其他城市，有社群成员自发形成的运营团队，有他们自行注册的所在城市的社群微博、微信公众号。其他城市的运营团队会积极参与总部活动并给予反馈，总部也会时不时地在自己的新媒体账号中推送这些"分舵"社群的相关内容，积极与"分舵"社群联系和互动。

主社群与"分舵"社群一旦形成良好的互动关系，所有社群就都将建立起完整、统一的价值观，让社群影响力进一步增强，社群文化深度进一步拓展。

有序建立的"分舵"社群需要依托于主社群的存在而存在，需要拥有与主社群一致的社群文化；同时，也要建立自己独有的具有地域性的文化特质，从而满足所在地区的"分舵"社群成员的需求。这样的"分舵"社群因为从社群成员的角度创建了全新的亚文化，完善、补充了主社群的文化，所以更具影响力和有更高的活跃度。

7.4 基于人群的主题社群链

基于人群的主题社群链，即基于部分社群成员的共同特点延伸出更多的新主题的社群链，如从橙为社群分化出手绘社群、读书社群、跑步社群等。

随着社群的不断壮大，社群内会渐渐分化出新的小圈子，小圈子的主要成员是一部分爱好更为一致的社群成员。相较于其他的社群成员，这部分社群成员的需求更加垂直。

社群一旦形成了多层次、多角度的小圈子，就可在原社群的基础上建立细分社群，让社群成员进入分类更精准的兴趣小组。这样从原社群衍生出来的新社群不仅带有原社群的文化特质，还衍生出了新的小群文化，更具潜力与活力。

从这个角度看，基于人群的主题社群链的打造主要是由社群成员决定的。当原社群发展到一定的规模时，社群运营者就可以围绕社群用户发展出具有多元文化的多主题子社群，以打造社群的多元化特征。

要打造基于人群的主题社群链，需要注意以下3点。

▶▶▶ 7.4.1 打造统一的社群品牌

相对来说，在主题社群链中，子社群和子社群、子社群和原社群之间的联系可能并不大，甚至看起来可能没什么关系——子社群之所以被孵化出来，是因为其主题与别的社群的主题不同。

细分社群成员具有什么样的需求，社群的发展就要满足相应的需求。如果这个需求是部分社群成员的需求，那么，社群可能就会孵化出能够精准满足这些社群成员的需求的子社群。这些子社群由于主题不同，极易形成不同的社群文化，甚至还会形成独立的社群品牌。

因此，社群运营者在原社群孵化出小主题子社群之前，需要建立一个统一的社群品牌，并通过运营使品牌获得一定的影响力；在此基础上，再根据社群成员的需求，主动孵化出新的小主题子社群，并在名称上巧妙地与原社群品牌相关联。当子社群因独特的主题吸引新的成员加入时，原社群品牌的影响力就可以得到延伸和壮大。

一些以付费产品为核心的社群尤其要注意这个逻辑：先打造出一个"爆款"付费社群，塑造一个社群品牌，然后再根据社群成员不同的需求，延伸出更多的付费子社群。

例如，秋叶团队先打造了"秋叶 PPT"网课、学员群和"秋叶"品牌，在品牌获得一定的影响力后，才进一步规划了产品线。秋叶团队先推出了以职场新人学习技能为主的"和秋叶一起学工作型 PPT""和秋叶一起学新媒体写作""和秋叶一起学视频号变现""和秋叶一起学手机摄影""和秋叶一起学时间管理"等价格较低的在线网课。后来，随着社群成员的成长，社群的目标人群发生了改变，秋叶团队便推出了定位于职场人士研习专业技能的"秋叶 Excel 数据处理训练营""秋叶 PS 视觉设计训练营""秋叶直播变现训练营""秋叶写作训练营"等价格相对较高的在线训练营。

虽然不同主题、不同价格的子社群很多，但人们记住的这些社群的品牌都是"秋叶"。随着诸多子社群的发展，"秋叶"品牌的影响力得以进一步增强。

▶▶▶ 7.4.2　给子社群充足的资源支持

原社群孵化出的小主题子社群往往在成立之初没有足够的运营能力。此时，原社群需要向子社群给予资金、人气、嘉宾资源、经验等方面的支持，扶持子社群成长。

一般情况下，对于新成立的子社群，除了资金支持，原社群还可以提供以下几项支持。

（1）人气支持。刚成立的子社群号召力往往不足，原社群可以通过自己的新媒体平台推荐子社群，也可以邀请在原社群内表现活跃的社群成员加入子社群，并鼓励他们参与子社群的活动，为子社群的发展出谋划策。

（2）嘉宾资源支持。在子社群成立之初，原社群需要积极为子社群提供嘉宾资源，邀请有知名度的专业人士到子社群参加分享活动。

（3）经验支持。在子社群成立之初，原社群需要将总结的经验分享给子社群的社群运营者。如果子社群数量较多，可以将不同子社群的社群运营者都聚合在一起建立一个经验分享群。在经验分享群内，大家可以定期或不定期地分享社群日常运营经验、线下活动举办经验、用户运营经验等；当某个子社群遇到运营难题时，大家也可以一起讨论解决方法。

▶▶▶ 7.4.3　为咨询者对接合适的子社群

在主题社群链中，子社群和子社群之间并非是竞争关系，而是"兄弟姐妹"关系。因此，当有人向运营团队咨询社群的相关内容时，接待人应积极接待和按需引导，将咨询者对接给合适的子社群运营者。

例如，当有咨询者来咨询不同主题的社群事宜时，接待人与之进行简单的沟通后，就会将其对接给合适的秋叶系子社群运营者。

如果一个大社群品牌下拥有诸多子社群，那么还需要通过一些表格实现标准化对接。

例如，为了确保用户咨询有人接待，且对接到合适的子社群的社群运营者，需要建立一份"用户咨询对接表"，如表7-2所示。

表7-2　用户咨询对接表

序号	用户称呼	咨询时间	咨询渠道	用户需求	对接处理	接待人	备注

为了保障跟进结果，各个子社群的社群运营者还需要建立"用户跟进处理表"，如表7-3所示。

表7-3　用户跟进处理表

用户跟进处理表				
	用户姓名	联系地址	联系电话	邮箱地址
用户信息				
	类别	用户基本情况		
	□新用户 □老用户	□老用户推介的新用户 □新媒体平台咨询用户 □电话咨询用户	用户预算： 用户需求： 用户对竞品的了解或购买情况： 用户对本社群产品的了解或购买情况：不清楚/听说过/购买过/多次购买	
	接待人	×××	跟进处理人	×××
信息记录	日期	沟通渠道	沟通/跟进情况	结果
	××××/ ××/××	微信	1. 老用户×××介绍的新用户；或者，用户在微信公众号留言咨询 2. 加用户微信 3. 了解用户情况，记录用户需求 4. 了解用户预算 5. 向用户推荐产品，用户对该产品感兴趣，询问产品的详细信息 6. 向用户介绍其他用户的使用情况和使用评价 7. 用户咨询购买情况 8. 给用户发送购买链接 9. 用户下单完成购买 （以上信息按实际进度填写）	继续跟进/转化完成

为了统计用户跟进情况，及时激励接待人和对接处理人，还需要建立"用户跟进统计表"，如表 7-4 所示。

表 7-4　用户跟进统计表

序号	用户称呼	接待人	接待时间	对接时间	对接人	对接项目	对接结果	备注

以上工作表仅供参考。在实际工作中，社群运营者可以根据实际情况增删表格信息，设计适合自己社群的工作表，以实现多个主题社群之间的高效对接。

 思考与练习 • • • •

1. 扩大社群规模有哪些前提条件？

2. 如何打造多期社群链？

3. 如何打造地域社群链？

4. 打造主题社群链有哪些注意事项？

第8章
社群的商业变现

【学习目标】
➤ 了解社群的服务变现方法。
➤ 了解社群的交易变现方法。
➤ 了解社群的人脉变现方法。
➤ 了解社群的知识变现方法。
➤ 了解社群的分销变现方法。

很多运营得很好的社群需要在一段时间后考虑一个问题：如何进行商业变现？建群不是目的，实现商业转化才是目的。

社群可以被看作一个多元化内容的分发场所，社群成员可以在群内输出文字、图片、海报、语音、视频甚至进行直播。可以说，社群具备天然的商业基因。这种商业基因要想变成一个持续发展的商业模式，需要借助社群成员的黏性，让社群成员一起创造出巨大的能量。

8.1　服务变现：从免费社群到付费社群

2017年以来，越来越多的免费社群意识到，社群运营不是仅投入碎片化时间就可以完成的，于是转而运营付费社群。有的社群既有免费的入门群，也有收费的提高群，免费群和收费群是并存的。例如，一些投资理财社群在某些基础分享板块采用免费社群吸引目标人群，在高阶分享板块采用付费社群筛选目标人群，增加运营收入。

8.1.1　免费社群与付费社群的利弊

免费社群的优点是入群门槛低，能够给社群带来较大的流量，在短时间内能快速提升社群的人气和覆盖率。

很多社群一般是先运营微信公众号，等有了一定的用户，就号召大家一起来免费学习，通过在线分享有关 PPT、英语、理财等内容的微课，在短时间内吸引许多听课的用户，然后把这些用户变成微信群的社群成员，为今后将其变成付费社群成员奠定基础。

免费社群的缺点是加入者容易忽视内容贡献者的劳动付出，会低估别人分享的知识的价值，继而等到社群开始收费的时候，他们会产生抗拒心理。而且社群免费运营的周期越长，获得持续性经费支持的难度就越大。

付费社群的优点比较多，首先，提高准入门槛，能够更精准地筛选目标人群；其次，社群成员由于付费，就更愿意参与社群互动；最后，付费会给社群运营者带来收入，能让社群运营者有余力安排专人负责内容质量的运营，为社群成员提供更好的服务。

付费社群的缺点是愿意为社群付费的人相对较少。例如，有的社群号称有几十万人，但是其付费用户的转化比例低到可以忽略不计。另外，由于网络上免费分享的内容非常多，社群成员付费后，期待值也会相对高出很多，这对社群的内容设计和运营流程都提出了更高的要求。

因此，如果要做付费社群，需要先判断社群提供的产品是否具有稀缺性。如果产品不具有稀缺性，到处都可以找到免费的替代产品，那么社群的付费模式显然就没有什么竞争力。

>>> 8.1.2　构建付费社群的前提条件

社群运营者在构建付费社群之前，需要先问自己以下 3 个问题。

（1）社群提供的服务是否有虚拟化的免费服务？若有，社群提供的服务好在哪里？

（2）社群提供的服务是否有线下的付费服务？若有，社群提供的服务好在哪里？

（3）社群提供的服务是否有同类的社群服务？若有，社群提供的服务好在哪里？

实际上，很多人没有认真做市场调研就成立了付费社群，他们的逻辑是"既然别人能做付费社群，那么我也能做一个"，这是"收割"用户信任进行流量变现的短期行为。

秋叶系社群的两个付费社群——秋叶 PPT 学员群和个人品牌 IP 营，都是在运营前对比了很多竞品，确信自己有核心价值才开始运营。

秋叶 PPT 学员群的规模以万人计，虽保持着相对较低的活跃度，但是会持续提供口碑良好的在线课程及免费升级服务，还有在线答疑服务、在线作业批改服务和在线免费训练营服务。这个社群的商业化基础是 PPT 技能在线学习产品，如 21 天在线训练营。这样的付费社群也可以理解为，社群通过产品收费，为付费成员建立了一个学习群。

个人品牌 IP 营的规模虽不大，但保持着相对较高的活跃度。不同于秋叶 PPT 学员群，个人品牌 IP 营并没有明确的在线教育产品。个人品牌 IP 营设定了一个比较高的入群门槛（其中一项是较高的入群费用），对应地，社群运营者会为广大的付费成员提供很多有价值的服务，如"个人品牌会诊""个人品牌'爆款'事件分享""个人品牌内容平台对接"等。这些服务都是围绕"知识型个人品牌"来打造的，是稀缺的、独一无二的，因此个人品牌 IP 营便可以设计一个比较高的门槛。而直接收费就是高门槛的表现之一。

由此可见，竞争激烈的各种学习型社群要收费并不容易，除非打造出一个有品质的产品。而能够提供优质服务的社群则需要设计一个以付费为基础的高门槛，用价格相对精准地筛选出同一类人群，让行为模式、生活背景、价值观比较接近的人聚合在一起。背景相似的一群人往往更能建立同伴环境，也更容易吸引同类人加入，从而社群也能得到更多的认可。

▶▶▶ 8.1.3 将免费社群升级为付费社群的运营策略

很多社群运营者想把免费社群直接升级为付费社群，这其实是比较困难的。

成立免费社群的门槛很低，只需满足 3 个条件：首先，社群运营者自带"光环"，愿意输出，能引发社群成员的喜欢；其次，加入门槛较低，只要符合基本的门槛，比如认同社群文化、遵守社群规则，所有对社群主题感兴趣的人都可以加入社群；最后，每个人在社群中都能找到自己的位置，大家先有存在感，再有参与感，最后产生归属感。

根据以上条件成立的社群，往往能快速打造出良好的口碑。因为是免费的，大家往往会觉得社群体验感特别好，觉得比很多收费社群还实在。

但是，这样的免费社群拥有再好的口碑，一旦想升级为付费社群，就会引发抱怨：你变了，原来你所谓的"免费"就是"套路"，最后还是要收费。很多社群运营者就是因为过不了这一关而犹豫不决。

因此，不能将免费社群直接升级为付费社群，而是需要先在免费社群里寻找愿意付费的人，再去建一个与免费社群有差异的付费社群。

在实际操作之前，社群运营者需要判断一个免费社群能否升级为付费社群，具体可以从社群活跃度、社群运营人才储备、社群运营规模、社群服务策划 4 个角度来判断。

（1）社群活跃度

要想升级为付费社群，免费社群需要一直保持着不错的活跃度，使社群成员在社群里愿意相互交流，相互帮助，进而形成某种有亲密感和信任感的文化。这样，部分社群成员就会愿意组建一个小圈子社群，即使是付费的，以避免在大社群里交流时要顾忌太多人的看法。这是成立付费社群的一个心理动机。

（2）社群运营人才储备

运营社群要从社群活跃分子里面找出有能力、有时间的运营助理，这样才能分担社群运营者的时间压力。要找到这样的运营助理，不仅要发现有潜力的"苗子"，还需要对其进行培养和训练，让其能高效处理社群事务。有了这样的运营人才储备，再做付费社群，就有了人力资源的支持。

（3）社群运营规模

社群运营者要评估能将多少人导入付费社群，他们能接受的费用是多少，付费社群预期能接收多少人，这些收入能否覆盖聘请助理和运营社群的成本，能支撑运营多少时间……只有把这些问题想清楚，才能弄清楚社群的付费模式、运营周期和人力资源数量。如果发现能招募的付费人群太少，或者需要依赖外部渠道分销，就不建议大张旗鼓地做付费社群，而应该建一个小范围的免费社群，并努力增强社群的凝聚力和社群的能量。

（4）社群服务策划

社群运营者要问一下自己，如果做付费社群，社群的服务到底有什么特色？要清楚，不是请几个"大咖"来社群分享就是特色服务。在今天的互联网上，"大咖"过剩，愿意付费的社群成员不够多，免费都不一定能吸引到人，更不用说付费了。只有确信付费社群的服务内容至少不比竞品差，而且升级迭代能力比竞品强，才可以考虑将免费社群升级为付费社群。

从免费社群到付费社群是势能起点低的人做社群的必经之路。这样的付费模式就如同从"社交信任银行"里取款，前期需要在免费社群里通过运营累积足够的信任，即尽量往"社交信任银行"里存钱，后期将人群导入付费社群才能顺利进行。

▶▶▶ 8.1.4　付费社群的价格设计

大家常常看到这样的社群招募公告：只需要 99 元，你就可以和一群爱学习的人一起进步。这类社群的运营周期有一年的，有半年的，有 28 天的，也有 21 天的。其实很多社群定价时并没有经过合理测算，他们只是简单参考了同类产品的价格，然后想当然地认为，99 元不贵，收 1000 人不难，那也是近 10 万元的收入，两三个人利用业余时间忙一年，还是很划算的。这样想的人忽略了很多成本，到头来可能会得不偿失。

设计付费社群的价格应该先考虑付费周期和招生规模。

1. 付费周期

建议设计付费社群的价格前要思考付费周期：是长周期收费，还是短周期收费？

很多社群不宜采用长周期收费。因为长周期收费的服务应该是某种标准化的产品，可以培养社群成员在日常生活中的习惯，如"每天听读一本书""樊登读书会""薄荷英语"等产品。但社群运营过程中有很多无法标准化的事务，而且很多社群活动采用的都是项目制模式，所以，很多社群适合采用短周期收费。

短周期应该是多长时间呢？从短期学习角度看，21～28 天是比较合理的。因为时间太短，人们的学习不容易见效；时间太长，很多人会无法坚持到底便中途放弃。

2. 招生规模

考虑了付费周期，紧接着就可以评估招生规模，并确定在这个招生规模下的服务成本是多少。用服务成本除以招生规模，即可得到自己的成本底线。算出成本底线，就能明白自己能用什么价格去招人，这个价格有没有市场竞争力。

如果社群的价格很有竞争力，那显然再好不过；但如果竞争力不强，那就需要优化成本结构。

优化成本结构有两个思路：节流和开源。节流，即降低各个环节的成本预算。开源，则是寻找其他的收入模式。例如，有的付费社群并不仅仅收取入群费用，后续还有很多产品在群内销售，那么，社群运营者可以把社群运营的一些费用转移到销售产品的成本中，从而降低社群的入群费用，这样就更容易招募到足够多的社群成员。

如果社群本身有足够的能力招募足够多的社群成员，那么，社群的收费模式就可以参考以下标准。

（1）如果社群运营者的个人品牌势能高或社群的品牌势能高，那么在势能范围之内，收费越高越好。这和线下俱乐部的收费模式相似。

（2）如果社群口碑良好，可以一开始按成本收费，每一期滚动涨价。这和线下教育机构的收费模式类似。

▶▶▶ 8.1.5　付费社群的收费技巧

在社群运营实践中，比较常见的付费模式就是周期付费制，即在一定周期内缴纳多少费用，就可以享受一定的权益。这是非常易于理解和操作的付费模式。这种模式的本质就是服务标准化，让服务成为标准化产品，然后做好服务，把产品持续推广出去。

在周期付费制的基础上使用一些收费技巧，可以激励更多人报名。当然，所有的收费技巧都会增加运营成本。

1. 押金返还型

押金返还型，即社群向社群成员收取的费用，会根据社群成员完成社群任务的情况进行全部返还或者部分返还。例如，橙为社群举办读书活动的时候，为了提高报名门槛，设置了押金返还机制。参与人员一旦完成任务，就可以全额返还押金。这样可以鞭策一些社群成员更积极地参与社群任务。

在剽悍一只猫的"22天行动训练营"中，社群成员要想加入社群，除了要交纳固定的入群费用之外，还要交一笔比入群费用更高的押金。如果社群成员在某天没有坚持完成任务，其交纳的押金就会被扣除。因此，在押金的约束下，很多社群成员都能坚持完成任务。

在北辰青年的"未来大学"学习群中，虽然加入社群不需要付费，但每个人入群后都必须交纳押金，若在一定时间内没有完成1/3课程的学习，就会被扣除押金。

2. 任务激励型

任务激励型，即完成任务可以获得奖励。例如，个人品牌IP营开设的潜能孵化营规定，如果完成任务就有高额奖励。总体而言，奖金额度越高，社群成员的参与热情越高；奖金额度小但中奖人数越多，参与的社群成员也就越多；奖励花样越多，社群成员参与的积极性越高。

3. 递增递减型

递增递减型，即收费的标准会按照一定的规律递增或递减。例如，李笑来老师的"共同成长"社群的年费从固定数额起步，社群成员每增加100人后年费就上涨一次，但有上限；"邱伟聊培训"的培训社群根据社群成员的努力程度进行费用的减免，这样可以更好地激励社群成员投入更多的精力完成目标，并且社群成员能借助更好的优惠条件进行更深层次的学习。

4. 身份分级型

身份分级型，即收费的标准会因身份属性的不同而不同。例如，"混沌研习社"就将社群成员分为在线社员和"铁杆"社员，费用也因此有所差别。这样的价格差能让需求不同的人更好地找到自己的消费层次。

5. 团购优惠型

有的社群会设置3人拼团优惠价，这种模式也比较常见。在这种模式中，3个人是一个合理的规模，若规模太大，普通人不容易集齐足够多的人；若规模太小，团购价就没有意义。

不同的付费模式对支付能力不同的付费用户的心理暗示和激励效果是完全不同的，建议社群运营者了解不同的付费模式后再按照需求进行收费设计。

8.2 交易变现：在社群内销售产品

交易变现，即在社群内销售产品。这是一种经典的社群商业变现模式。其原理是通过向社群成员销售产品来获得收益。产品可以是自己生产的，也可以是代理销售的。

▶▶▶ 8.2.1 适合在社群内销售的产品

交易变现的前提是选择适合在社群内销售的产品。并不是所有的产品都适合在社群内销售。就目前大多数社群成员的兴趣来看，适合在社群内销售的产品有以下3种。

1. 可玩度高的产品

一个产品如果与"控""粉""DIY"这样的内容相关，就可以在社群内推广和销售。因为这样的产品"可玩度"高，很会玩的"超级用户"可以在社群里分享和创造各种玩法，从而增强产品的吸引力，吸引其他社群成员购买。

因此，如果想在社群内推广一款产品，可以先问自己几个问题：这款产品有可玩度吗？网上有关于这类产品的社群或者社区吗？如果答案是"有"，这款产品基本上就能放在社群内推广。例如，精油、手账、摄影器材等产品或服务在不同的网络平台都可以引发很多话题，自然也可以吸引感兴趣的人在社群里讨论。

不过，推广这种可玩度高的产品，需要先在社群里面安排几位"超级用户"试用。

超级用户就是超级玩家。如果社群成员觉得超级用户特别会玩，就会希望自己也能成为这样的超级用户，也就愿意跟着超级用户一起玩。在这样充满乐趣的互动中，大家对产品的认可度会越来越高，甚至还会很自然地接受超级用户推荐的好物。这些都可以促成社群的商业变现。

2. 有优质货源的产品

有优质货源的产品也适合在社群内销售。

例如，某农业大学自己培育的农产品，品质好，且零售价比市场上的农产品要低很多。但由于学校的培育规模不大，缺乏销售渠道，结果优质的农产品卖不掉，有需求的普通人也买不到。于是在该大学工作的老师就把喜欢这些农产品的人聚在一起建了一个社群。每次产出新鲜的农产品，就在社群里发起团购。由于农产品的质量确实不错，慢慢地，团购群从一个群发展成多个群。有了稳定的客户群，这所大学也就解决了农产品的销售问题。

很多人身边都有这样的社群。社群运营者因为能拿到好的货源便组建了团购群，这样一方面可以巩固值得信任的社交关系，另一方面借助社交关系推荐好的产品或服务，可以进一步增强社群内的信任关系。

而社群成员因为加入社群能够买到市场上没有的产品，或者以低于市场价格买到经常买的产品，会觉得加入社群是"值得"的。

3. 能够满足需求的产品

一款产品能否销售出去，关键是其能否满足社群成员的需求。换句话说，能够满足社群成员需求的产品就适合在社群内推广和销售。

例如，如果社群内的主要成员是年轻女士，那么，年轻女士喜欢的产品，例如口碑较好的化妆品、鲜花、巧克力，设计精美的珠宝首饰、小型家用电器、家居用品等，都适合在社群内推广和销售；而如果社群内的主要成员是"宝妈""宝爸"，那么，孩子使用的书籍、家居用品、学习用品及亲子装、亲子旅游等产品，就比较适合在社群内推广和销售；而如果社群内的主要成员是拥有一定资产的人群，那么，兼具设计感、质感和品位的产品，或者有投资价值的产品，就适合在此社群内推广和销售。

不同的人群有不同的需求。要想在社群内推广产品，就要先去研究社群成员的消费习惯和消费需求，然后再去选品。

▶▶▶ 8.2.2　借"快闪交易群"实现交易变现

选品完成后，即可进入销售环节。

销售并不是单纯地在社群内推销产品，而是需要一套循序渐进的步骤。有的社群并不适合销售产品，在此推荐这样的社群使用"快闪交易群"的方式来完成销售。

使用"快闪交易群"，即需要单独为这次交易建立一个群。这个群只有一个作用，就是聚集想要购买这款产品的社群成员和社群运营者的其他微信好友，组织他们来购买这款产品。需要注意的是，"快闪交易群"是会解散的。销售完成一段时间后（确保售后服务完成），即可解散"快闪交易群"，以避免打扰加入这个临时群的社群成员。这样既能满足部分社群成员的购买需求，又不会打扰原社群的其他成员。

借"快闪交易群"实现交易变现有3个步骤：售前的朋友圈预热、售中的交易氛围营造以及售后的朋友圈播报。这3个步骤的具体操作如下。

1. 售前的朋友圈预热

售前的朋友圈预热，即社群运营者在朋友圈发4条动态，内容分别是活动调查、有奖竞猜、拼团预告、引导进群，以便让更多的人了解销售信息，主动申请入群。朋友圈的预热内容如表8-1所示。

表8-1 朋友圈的预热内容

内容	朋友圈话术
活动调查	"很多小伙伴问我最近有没有拼团活动，要不你们留言告诉我，最希望什么产品做活动，留言数最多的产品我们就去申请。"
有奖竞猜	"上一条朋友圈有好多朋友回复呀。没想到大家最期待的竟然是它！（晒图）点赞人数超过66人，我们就去跟品牌商谈。这款产品能不能做拼团活动，就看你们啦！"
	追评："才发一会儿，就有那么多人点赞了！"
拼团预告	"好消息，这次呼声最高的××产品，我们谈了两天，终于拿到了优惠。不过，优惠多少，要看你们的点赞数。点赞数越多，优惠就越大。大家快动动手指头点个赞！"
	追评："仅仅过了半天，已经有超过100人点赞了。这次拼团活动明天早上10点开始，价格是官方价打7折！"
引导进群	"对××产品感兴趣的朋友，请从现在开始到明天早上9点前，私聊我或者在本条朋友圈下方留言回复：我要进群，我要参与××产品的拼团活动！我看到留言后，会在明天早上9点之前拉你入群。本次活动仅限群内的朋友参加，没有申请入群的朋友，我就不打扰了。"

2. 售中的交易氛围营造

售中的交易氛围营造是指通过在社群内营造活跃的交易气氛，激发社群成员的从众心理，从而引导社群成员完成交易。营造社群内的交易气氛有以下4个关键环节。

（1）发签到红包，激活氛围

在拼团活动开始前10分钟，社群运营者可以在社群内先发一个签到红包，例如"还有10分钟，拼团活动就要开始了，在线的朋友请发送数字'1'。发送人数达到30人，我们就会发一个大红包，感谢大家在线等待。"这样，在社群成员接二连三发送数字"1"时，社群内就会出现"刷屏"现金。此时，社群运营者再发送一个能够让很多人都抢到的红包，就可以第一次激活社群氛围。这样重复发几次红包，社群的氛围就会完全活跃起来。

（2）发起拼团接龙，打造争相抢购的场面

当氛围被激活后，拼团时间一到，即可开始拼团接龙。例如，"这次活动的价格特别优惠，因此库存有限。确定要买的朋友，请先接龙；想要多买一些的朋友，请在接龙中说明你要购买的数量。接龙格式参照示例。好，开始接龙!"每个人填完接龙信息后，就会自动发送到群内，其他人能立即看到。有购买意愿的人因为担心产品被抢光，便会缩短犹豫时间，参加接龙。这样，社群内很快就会营造出争相抢购的热闹场面。

（3）赠送惊喜福利，引导"晒单"

拼团接龙并不意味着交易成功。如果要引导社群成员果断完成交易，还需要再给大家一个惊喜："这个活动只针对××群开放，请大家把已支付的订单截图发在群里，方便我们登记。另外，为了感谢大家的配合，我们还会给"晒单"的小伙伴多加两个赠品，赠品是××和××，价值××元。"

（4）巧用倒计时，促进交易

此外，还有一个促进交易的小技巧：使用倒计时。倒计时有以下两种用法。

* 库存倒计时，适用于限量销售。例如 500 盒产品的限量抢购，可以在活动开始后在群内提醒"还剩 200 盒""还剩 100 盒""还剩 50 盒""还剩 10 盒""已经售完了"。

* 时间倒计时。例如，开展抢购活动时，社群运营者可以在活动开始后，不断进行倒计时提醒："还剩 6 小时，需要购买的朋友请尽快下单""还剩 4 小时""还剩 2 小时""还剩 1 小时""还剩半小时""最后 10 分钟""时间到，本次活动结束，感谢大家的支持！这次没有买到的朋友可以关注我的朋友圈，等待下次活动"。

3. 售后的朋友圈播报

售后的朋友圈播报，即在朋友圈播报物流进度、用户的正面评价，并进行下期活动预告。

通常情况下，如果产品选得好，一场活动结束后就会有人问：还有没有活动？什么时候有下一期活动？这时，社群运营者就需要根据咨询量来判断是否要开展这款产品的第二期拼团活动。如果要进行，就需要尽快预告："这两天有很多朋友说没有抢到，也有很多抢到的朋友说还想买，希望再进行一次活动。我们决定尽快去跟品牌商谈，请朋友们关注我的朋友圈!"这样，几天后即可趁热打铁发起下一期的拼团活动。

需要说明的是，这样的"快闪交易群"不仅适合销售实物产品，也适合销售在线教育类产品。

秋叶系社群运营者在推广"黄金人脉"课程时，就尝试使用了"快闪群分享"的模式，效果也很不错。具体方法如下。

（1）选择有一定影响力的社群核心人物，请他提前 3 天在自己的朋友圈发布文案和海报，并建立微信群。

（2）提醒想要加入微信群的人先了解分享主题、大纲、时间和讲师信息，避免盲目入群或错误入群。

（3）大家一入群，社群运营者立即安排相关的预热和暖场活动，建立大家对内容的期待感。

（4）在分享当天，社群运营者及时通知社群成员，并提供详细的讲师信息及课程内容说明。

（5）在讲师分享结束后，社群运营者积极引导讲师与社群成员互动，营造大家积极交流的氛围，引导大家到指定平台购买"黄金人脉"课程以学习更多内容，并鼓励购买了的社群成员"晒单"。

（6）第二天早上，社群运营者整理并分享群聊精华，方便没来得及参与分享的社群成员查阅。

（7）第二天中午，社群运营者告知社群成员此群将在 48 小时后解散，借通知的机会做最后的群聊精华汇总分享，并引导大家购买课程。

（8）按照约定时间，社群运营者先感谢大家的参与，再解散社群。

在这种模式下，如果细节组织到位，转化率应该可以达到 50%。这里的细节主要包括 3 个方面的内容。

（1）要认真设计讲稿，确保讲稿和要销售的产品之间有关联。

（2）要设计引导交易的动作，课程植入要自然，介绍充分课程价值。

（3）要安排足够多的老用户进场烘托气氛，并现身说法帮助引导交易，提高转化率。

8.3　人脉变现：挖掘社群成员的力量

有的人做社群是为了聚集、整合人脉资源。有了人脉资源，不管是做公益事业，还是进行商业合作，都比较容易成功。这样的社群称为"人脉社群"。

人脉社群的商业模式是通过挖掘社群成员来促成人脉变现。归纳起来，人脉变现主要有以下 4 种类型。

▶▶▶ 8.3.1　众包能量

众包能量，即通过发挥社群成员的群体能量，创造出巨大的商业影响力。

例如，秋叶大叔在豆瓣发布的《驴得水》影评，只用了 3 天时间，就从 4200 多条影评中冲脱颖而出，到了首页前 20 名。他是怎么做到的？除了因为他自己的豆瓣账号有粉丝，还因为社群成员都主动帮他"刷"影评、点"有用"。认为"有用"的人多了，影评排名自然就靠前了，秋叶大叔等于得到了一个流量很大的品牌广告位。当然，秋叶大叔之所以请社群成员点"有用"，是因为知道自己的影评有看点，否则，排名越靠前会被批评得越厉害。

可见，如果社群的规模足够大，有足够影响力的社群运营者仅仅发一条微博或写一篇微信公众号文章，就能"引爆"互联网。

这种汇聚普通人的能量，不需要"大咖"出手也能创造规模效应的模式，称为"蚂蚁战术"。可能每个人的能量并不大，但是只要人数够多，聚合起来就能形成一股很强的力量。

其实，就算没有足够的影响力，就算只是普通的社群成员，也可以在社群里请大家帮忙。条件是，他需要先用足够的时间在社群里给大家带来价值，如热心回答大家的问题、经常帮大家转发链接等，在社群里"刷足"存在感。社群是一个小圈子，在这样一个小圈子里，先好好树立起自己的形象，等得到了大家的认可，自然就容易得到大家的帮助。

例如，秋叶 PPT 社群里有一位平时非常热心的社群成员，他在知乎发了一篇回答，然后将链接发到群里，很快就获得了很多社群成员的点赞，这篇回答瞬间排到该问题下的前几名，这就是社群的力量。

一个人力量有限，但是借助社群的力量，一篇好回答被多个人点赞后就会被前置，而前置的回答就会得到更多人的关注。如果除了有高质量的干货，回答中还巧妙地植入了一定的广告，那么曝光量也会非常可观，其背后的商业价值更不必说。

众包能量在实际操作中并不需要特别的技巧，拼的就是参与其中的社群成员的数量。而借助这样的众包能量，不只是文章的打开率和阅读量，短视频和直播的浏览量、点赞量、评论量、转发量也都可以快速攀升。如果内容能够被同一个社群里的人同时转发，由于同领域内容具有相关性、重叠性，那么内容传播就可以在该社群内制造"刷屏"效应，从而被更多人看到。

▶▶▶ 8.3.2　创意孵化

创意孵化，即社群运营者将创意展示在社群里，引导社群成员讨论及反馈，然后将其完善成可执行的方案或者可落地的产品。这种商业变现模式适用于需要创意的社群。

例如，秋叶 PPT 核心群建立之初是秋叶大叔带着一群人"玩"PPT，并没有明确的商业模式，只是因为大家有共同的爱好和特长，彼此了解，当遇到 PPT 设计难题时，大家能群策群力，碰撞出好创意。秋叶大叔愿意花钱维护这个社群，也是希望能在这个社群里获得好创意。

2015 年年底，秋叶大叔受邀参加申音老师的《怪杰》节目，他在群里发起为申音老师做自我介绍 PPT 的社群任务，并提供了几张照片与一段文字让社群成员发挥。社群内的 PPT 高手很快响应，一方面可能是因为任务有趣，另一方面可能是因为大家把这个任务当成了一场高手之间的比拼。

结果，仅仅一个晚上，社群成员就提交了 108 份作品，个个创意十足。

这次高效率的协作让擅长社会化传播的申音老师也感到惊喜。后来，这 108个创意作品合集在微博上大范围传播，给作者们增加了粉丝，提升了名气，而通过网友们对这个合集的反馈，秋叶大叔着手开发了一节专门针对自我介绍的在线 PPT课程。

这就是社群内的创意孵化价值。很多社群中都有一些拥有独特才华的人，也有一些拥有资源的人。这些人的才华和能量如果能得到整合，往往能创造出惊人的商业价值。

▶▶▶ 8.3.3　能量互换

如果一个社群运营得不错，已经做过多场活动，树立了品牌，其社群运营者就可以考虑与其他有能量的平台合作，一起做一些能创造更大价值的事情。这就是能量互换。

实现能量互换的关键在于拥有连接意识。社群是一个连接人的平台。社群运营者要善于发现连接的可能性。敢于尝试连接的人往往能够最先得到机会。

例如，一些出版社和秋叶 PPT 社群合作，主动给社群成员免费送书，请他们针对赠书做出优质的 PPT 作品，然后通过秋叶 PPT 的微博、微信公众号分享，同时这些出版社也把优质的作品放到自己的微博、微信公众号甚至是网店分享。

这种模式可以实现多方获益。首先，出版社可以精准覆盖秋叶 PPT 社群中爱学习、爱阅读、爱动手的社群成员，很多社群成员如果认同作者的观点，就会去买作者的其他书；其次，每次通过出版社赠书，热心的社群成员又主动把收获转化成精美的 PPT，会形成社群模式下的结构化输出；最后，借助秋叶系社群微博、微信公众号的能量，PPT 的传播效果也会得到强化。这种合作方式使出版社、社群成员和社群实现共赢。

更有意思的是，秋叶 PPT 社群整合各方资源后，发现自己有更大的能量吸引更多资源与自己产生连接。例如，秋叶 PPT 社群可以请多看电子书、百度阅读、网易云阅读给自己的三分钟教程系列电子书提供支持，电子书出版后又借助社群的能量传播。这样电子书平台获得了流量，秋叶 PPT 品牌也得到了传播。这种能量扩大后又反过来促成了社群与更多出版社的合作。

这个模式形成后，社群运营者就开始思考一个问题，"和秋叶一起学 PPT"课程的学员人数越来越多，他们到底学得怎么样？判断一个人是否掌握一个工具的方法就是实践，PPT 作为一个工具，也不例外。那么，在学习过程中，如何通过结果来检验社群成员学习 PPT 课程的效果呢？

一个非常好的办法就是制作读书笔记 PPT，也就是社群成员通过阅读一本书，将书的核心内容提炼、梳理出来，并通过 PPT 进行视觉化表达，这对于一个人的汇总能力与 PPT 制作水平都有很高的要求。基本上对于一个人 PPT 制作水平的评判，都可以通过制作读书笔记 PPT 来检验。

读书笔记 PPT 一直是秋叶 PPT 社群的"绝活"，在社群成员达到一定数量后，社群运营者决定在社群中推广这一"绝活"并增强其影响力。

社群运营者先创建了名为"读书笔记 PPT"的微博账号，专注于分享社群成员的原创优质读书笔记 PPT 作品。这种分享活动的运作流程如下。

（1）出版社就可以赠送的书籍整理出一份书单发给社群运营者。

（2）社群运营者在社群内公布书单。

（3）社群成员根据书的类型和自己的制作时间向社群运营者预约书籍。

（4）社群运营者与社群成员沟通，记录社群成员的地址，随后出版社安排寄送。

（5）社群成员收到书后，在承诺的时间内完成 PPT 作品，制作过程中可以请社群的指导老师指导。

（6）社群成员的作品完成后，需要将作品拼成长图，并添加相应话题、编号等信息，先发送给相关出版社，再发布在自己的微博上。相应地，出版社官方微博账号会转发其微博内容。这是第一次传播。

（7）一段时间后，微博账号"读书笔记 PPT"会发布一条展示社群成员及其优秀作品的微博，微博中附带该作品的源文件下载链接。这是第二次传播。

（8）再过一段时间，秋叶大叔会在自己的微博中对作品进行点评。这是第三次传播。

（9）对于优秀的读书笔记 PPT 作品，社群运营者会用自己的微信公众号进行推送，并结合账号特色布置作业发微博。这是第四次传播。

（10）该读书笔记 PPT 会在当当网、豆瓣、百度文库等平台上附原图、源文件或下载地址。这是第五次传播。

在这个过程中，出版社、社群成员、秋叶品牌都得到了自己想要的回报。

（1）出版社

出版社相当于得到了一次高质量的新书推广和微博营销推广机会：通过新书的曝光，提升新书的销量；通过官方微博账号的曝光"涨粉"。例如，一个转发量过 100 的读书笔记 PPT 作品，微博阅读量可能高达 20 万，而出版社的成本仅仅是一本书。

（2）社群成员

社群成员可以免费得到一本正版书，其制作的读书笔记 PPT 经过指导老师的一对一辅导，成为更为优质的作品，并得到了各个官方微博账号的转发，其个人的微博账号也增加了粉丝，个人的网络影响力也得以快速增强，甚至可能得到更多的工作机会。

（3）秋叶品牌

在以上多次传播中，秋叶品牌也得到了诸多曝光机会。例如，很多社群成员在微博发布高质量的学习成果，在某种程度上也是在宣传秋叶品牌和相关课程；源文件中有秋叶系课程广告页，给秋叶系课程带来了曝光；微博账号"读书笔记 PPT"在不到一年的时间里，已经累计分享了超过 200 份原创优秀作品，实现了稳定的"涨粉"等。

这场活动的结果是"三方共赢"。而这种共赢结果的基础是充分调动了很多社群成员的能量。当这些社群成员的能量被调动起来后，仅仅一本书作为中间物，就可以完成一场具有良好口碑的微博营销活动。

▶▶▶ 8.3.4　众筹创业

众筹创业是指社群运营者把众筹的思想和模式带入社群，调动社群的人脉力量，以实现社群价值的最大化。

大家平时大多是通过众筹平台了解众筹的。这些众筹平台的操作流程一般是"项目方提交项目→平台审核→项目上线→投资者判断是否投资→投资→项目启动"。在这个流程中，诸多投资者与知名度不高的项目方一般都是不认识的，投资者在投入资金后，也不容易追踪到项目的进展。因此，除非遇到感觉非常好的项目，否则投资者是不愿意投资的。

而基于社群的众筹创业，由于项目方和投资者都在同一个社群里，便有了一个独特优势：存在熟人关系。

项目方和投资方在同一个社群里，他们可能是直接的亲戚朋友关系，也可能是间接的"朋友的朋友"关系，或者有共同的兴趣或目标。这些关系，相对于陌生人来说，会让投资方感觉更可信一些。由于存在熟人关系，不管是出钱，还是出力（转发众筹信息），社群成员的参与度都比较高。"三个爸爸"的案例就说明了这一点。

起初，"三个爸爸"的三位创始人产生了创业的念头，决定做一台专为孩子定制的净化器。他们拿到了 1000 万美元的融资后，开始为这款还没有生产出来的产品设计传播体系。

为了针对不同的儿童研发差异化产品，他们建了 8 个微信群，调查了 700 位父母，挖掘出了 65 个痛点，从而确定了用户最关心的问题——净化器的效果、能否换滤芯，以及净化器的外观。

明白了用户的需求，他们开始研发，为产品定型，确定预计出货时间。而在此期间，他们还在京东平台发起了一次众筹——虽然是在京东上众筹，但是在社群传播。借助社群，他们的众筹项目打破了京东众筹的纪录：上线 2 小时众筹 100 万元，10 小时众筹 200 万元，30 天众筹 1122 万元。

他们是怎么做的呢？除了产品本身的定位及情怀外，主要的原因就是社群的帮助——在众筹开始的第一天，他们依托社群完成了 200 万元的众筹。根据"强者愈强"的马太效应，一个不错的开始很容易带来一个不错的结果。

这个"不错的开始"是怎么发生的呢？

"三个爸爸"的创始人是黑马社群核心圈子"黑马营"的成员。在众筹之初，他们与"创业黑马"一起定制了一整套传播方案。这套方案虽只有 5 步，却环环相扣。

（1）由《创业家》的官方微博发布一篇讨论"为什么没有出现千万级众筹"的文章，引起了比较热烈的讨论。

（2）"三个爸爸"的创始人之一戴赛鹰在个人微博中对这篇文章进行了回应："三个爸爸"想代表黑马们冲击千万级众筹。这相当于他把"三个爸爸"做众筹这件事，上升到了一个新的高度——这不是"三个爸爸"的事，是"黑马们"共同的事。

（3）《创业家》的官方微博对戴赛鹰的个人微博进行回应："三个爸爸"这样一家创业公司敢冲击千万级众筹，听起来就不靠谱，但黑马就是要通过努力把"不靠谱"变成"靠谱"。然后号召大家支持他们。

（4）"三个爸爸"的另外一个创始人陈海滨写了一篇名为"一路与你同行，我与黑马不得不说的事"的文章，描述自己如何在黑马社群成员的帮助下走出困境、走向成功。这篇文章调动了黑马社群成员的情绪，大家纷纷表示支持他。

（5）"三个爸爸"的创始人在朋友圈设计了 3 轮集赞转发，在黑马社群内请求大家帮忙转发。转发对社群成员来说是一件微不足道的小事。黑马社群的社群成员都是企业的高管或者创始人，他们在朋友圈的影响力可想而知，因此他们转发的效果自然不同凡响。

就这样因势利导，"三个爸爸"借助社群的力量打造了"不错的开始"。

很多社群也许不会用到众筹创业的变现模式，但很可能会用到社群成员凝聚在一起的力量——这也是社群能够吸引很多人加入的一个重要原因。一个社群越团结，它蕴含的力量就越强大，对社群成员及外部人员的吸引力也就越强。因此，社群运营者有必要从一开始就注重打造社群的凝聚力文化、"抱团"文化、互助文化。如此，社群在发展到一定阶段后，才能自然而然地衍生出一个真正与社群成员共赢的商业模式。

8.4 知识变现：借助知识类产品实现社群品牌变现

社群知识变现的逻辑是，社群运营者把社群运营过程中积累的专业知识、实践经验，社群成员在分享过程中输出的碎片化知识，都加以系统化整理，将其变成社群的知识类产品，从而实现社群品牌变现。

社群的知识变现模式主要有 3 种：图书出版、付费课程、增值服务。

▶▶▶ 8.4.1 图书出版

秋叶系社群的影响力之所以能持续稳定地增强，一个关键原因是秋叶团队打造了一系列畅销图书。秋叶团队出版了 Office 系列图书、"职场 7 堂课"系列图书、新媒体系列图书、"妈妈点赞"系列图书，获得了上百万读者。

图书出版是一个比较轻松高效、能够使社群品牌具有较强影响力的方式。因为出版社有成熟的出版推广渠道，只要能保证书的品质，出版社就有动力持续推广，社群运营者并不需要花费太多的精力，只需要配合关键宣传动作即可。

而从读者的角度来看，他们花钱买书，就是为知识付费。如果读者阅读图书后，认同作者传播的知识和观点，就会考虑购买作者的其他产品。

因此，社群团队撰写并出版一本专业的、可读性高的图书，是一条简单而高效的知识变现途径。

▶▶▶ 8.4.2 付费课程

除了图书，高质量的付费课程也是非常好的知识变现方式。

秋叶系社群秋叶书友会是一个拥有 3 万人的社群。社群内的成员是来自秋叶大叔各个渠道的粉丝，如微信公众号、秋叶大叔的视频号，以及秋叶系图书的读者等。只要是秋叶大叔的粉丝，都可以申请加入秋叶书友会。

目前，秋叶书友会提供一系列的付费课程，可供有需求的社群成员自由选择。例如，价格为199元的读书变现共读营，价格为799～1299元的写作训练营、直播训练营、社群训练营、PPT训练营、PS训练营、Excel训练营，价格为12 800元的个人品牌IP营，价格约2万元的个人品牌私房课、写书私房课、课程开发私房课等。

此外，秋叶书友会的社群运营者也在计划开办付费阅读教练营，旨在分享怎么做共读活动，怎么成为共读教练，怎么通过直播、短视频或朋友圈推荐好书。秋叶书友会则负责打造供应链中台，从而把共读的整个运营模式教给大家，发展大家做共读活动合伙人，让大家不仅可以共享书友会后端图书、训练营等付费产品的销售佣金，还能围绕共读建立自己的私域流量池，打造自己的个人品牌。

这种模式对于秋叶系社群来说，不但是一种商业变现方式，而且是一个通过激活社群成员的价值来创造新流量的方式，甚至还能为社群成员创造更多的"副业收入"。

▶▶▶ 8.4.3　增值服务

增值服务是指社群为社群成员提供的基本服务之外的服务。增值服务是对基本服务的补充，用来满足社群成员额外的却非常重要的需求。

对社群来说，增值服务往往可以增加社群的利润。增值服务的切入点多出于社群运营者对目标群体痛点的把握，社群成员往往也希望能够得到增值服务。因此，对于低付费门槛的社群而言，社群成员可以根据自己的需求付费使用增值服务，增值服务可以作为此类社群的主要收入来源；而对于高付费门槛的社群而言，社群的增值服务则可以增加社群的价值感，有助于打造社群的良好口碑和增强品牌力，从而吸引更多的人忽视价格因素加入社群。

例如，秋叶系高端社群秋叶写书私房课就设置了具有"超值感"的增值服务。

秋叶写书私房课的基础课程服务分为"线上学习＋答疑"和"线下打磨优化"两大模块。

在线上模块中，首先提供教学视频，社群运营者引导大家学习图书策划、写作及营销的专业知识；其次由秋叶大叔和专业的出版社的编辑老师，进行有针对性的辅导反馈和点评答疑。

在线下模块中，等大家学习完课程的主要内容后，社群运营者再邀请大家带着阶段性成果和问题到线下，直接与秋叶大叔、编辑老师进行面对面交流，让每个人都清楚地看到自己图书存在的问题，并了解如何进行优化和完善。

此外，秋叶大叔及其运营团队还为社群成员提供了3项增值服务：图书投稿服务、新书上市"冲榜"服务及图书导流指导服务。

（1）图书投稿服务。在社群成员完成图书大纲、图书样章及选题申报表后，秋叶写书私房课的运营团队会将社群成员的书稿投到合适的出版社。

（2）新书上市"冲榜"服务。秋叶写书私房课社群成员所著图书一上市，运营团队就帮助其冲榜，使其所著图书成为京东、当当新书榜上的常客，时不时还能把网店的库存卖光。

（3）图书导流指导服务。即秋叶写书私房课运营团队指导社群成员如何用所著图书为自己线下活动、社群或付费课程带来流量，引导大家用所著图书为自己赋能。

不仅如此，对于有可能开发成课程的图书主题，运营团队还会将该图书的作者链接到秋叶课程开发私房课社群。秋叶课程开发私房课有一套快速开发课程的通用逻辑，能够帮助大家开发并运营线下培训课程、线上网课或训练营。课程开发私房课的模式，不但能教社群成员开发高质量的好课，而且能指导社群成员销售课程，甚至还能帮社群成员对接后端课程上架主流平台。

这样基于基础知识延伸出来的增值服务，为秋叶写书私房课赋予了极有竞争力的难以估量的"超值感"。

8.5 分销变现：借助社交裂变实现巨大营销增量

分销，简单来说就是把一件商品分享出去，别人付费购买后自己从中获得佣金分成。分销变现不是在社群内销售产品或者服务，而是借助社群的流量池功能，引导社群成员进一步分销和裂变，从而实现更大范围内的用户触达和销售。在此以在线课程分销为例来介绍社群内分销变现的模式。

8.5.1 在社群做分销裂变的意义

社群如果想要实现更大范围内的互惠共赢，可以考虑采取社群分销模式。

社群分销就是社群打造自己的产品供应链，让社群成员在认可这些产品的基础上，成为社群系列产品的分销员。

秋叶书友会在具备一定的规模后，也面临着一个问题，如何留住认可秋叶品牌的社群成员。为此，秋叶书友会推出书友会小店，为社群成员争取到了很大的购书折扣。例如，人民邮电出版社出版的图书，单本图书一律6折包邮，大多数时候，社群成员在书友会小店购书的成本低于在京东和当当购书的成本，这样社群成员即便在共读结束后，也可以成为秋叶书友会的会员，直接在书友会小店买书。同时，书友会小店还设计了分销模式：一旦书友会成员在书友会小店下单买书，即可申请成为书友会小店的分销员，通过分销图书或课程给其他人，获得更多的收益。

如果没有这种分销模式，那么社群成员在学习新鲜期过去后，就可能会离开社群。而让大家留下来的方法是打造一个大家可以重复消费的供应链平台。如果社群成员发现在这个渠道消费更划算，就会形成消费黏性、具有消费规模；而有了消费规模，社群运营者就可以去争取更多的佣金或者更大的折扣空间给社群成员。

而从社群运营的角度来看，借助电商平台的用户管理功能和图书上新的机会，社群又多了触达和激活社群成员的新策略。当然这也对社群运营者提出了更大的挑战，社群运营者不仅要管理一个社群，还需要链接优质的供应链，并做好供应链管理。因此，这种模式对团队能力、人才结构及社群运营模式都提出了更高的要求。

8.5.2 分销裂变的设计

分销裂变需要从分销门槛、分销等级、分销佣金3个层面来设计。

1. 设计合适的分销门槛

分销门槛通常有3种类型：提交审核型、购买加入型、直接加入型。具体内容如下。

（1）提交审核型，即社群成员需要先提交申请资料，经社群运营者审核通过后，社群成员才能获得分销资格。如果社群运营者设计分销体系的主要目的不在于"卖货"，而是获得某些优质资源，那么，就可以将需要的资源条件列为审核条件，以吸引拥有优质资源的社群成员报名申请。

（2）购买加入型，即社群成员需要先购买社群运营者指定的产品（或虚拟产品），购买成功后才能获得分销资格。例如，秋叶书友会小店的分销就属于"购买加入型"。想要通过分销赚钱的社群成员，只要在"秋叶书友会"有赞店下单一次，就会自动成为书友会小店的分销员。

（3）直接加入型，即社群成员只需要同意社群运营者准备好的协议即可获得分销资格。这样的"零门槛"加入分销体系的方式，可以快速推广业务、快速积累用户。

2. 设计合适的分销等级

设计分销等级需要考虑两个方面的内容，即分销等级数量和分销关系绑定。

（1）分销等级数量

依据社群而设计的分销等级可以设置为一级分销或二级分销。

一级分销即直接分销。只有当分销者将分销的产品分享给自己的朋友，且朋友购买后，分销者才可以获得销售奖励。简而言之，分销者只能获得"一级朋友"的购买奖励。

二级分销兼具直接分销和间接分销。首先，分销者将分销的产品分享给自己的朋友，朋友购买后，分享者可以获得销售奖励；朋友再将产品分享给他的朋友，朋友的朋友购买后，分销者也可以获得销售奖励。简而言之，分销者既可以获得"一级朋友"的购买奖励，又可以获得"二级朋友"（朋友的朋友）的购买奖励。

在这两种等级中，一级分销比二级分销更直接、更容易解释。

（2）分销关系绑定

分销关系的绑定决定了最终的奖励归属。在社群产品的分销体系设计中，一般有两种分销关系：一种是永久绑定，另一种是限时绑定。

永久绑定是指分销关系绑定后不可更改。例如，分享者A将产品分享给自己的朋友B，B购买后，即与A形成永久绑定的分销关系。以后，B每次购买社群产品，A都可以获得奖励。这种绑定方式可以激励A将产品分享给更多的朋友。

限时绑定，即分销关系形成后是有时效的，超过一定的时间，分销关系会自动解除。例如，社群运营者设计的分销关系为一周，那么，分享者 A 将产品分享给自己的朋友 B，B 购买后，即与 A 形成有效期为一周的分销关系。在这一周内，B 购买社群产品，A 都可以获得奖励。一周之后，B 再购买社群产品，A 就无法获得奖励。这种绑定方式可以激励分享者多次将产品分享给自己的朋友。

相对来说，永久绑定关系多用于扩大用户群，因为这种关系可以激励分销者努力发展更多的"下级朋友"，分销者发展的"下级朋友"越多，分销奖励就越高；而限时绑定关系可以用于提高产品销量，因为这种关系可以激励分销者更努力地去推销产品，推销的范围越大，越可能连接到还没有绑定分销关系的朋友，自己所能得到的奖励也就越多。

3. 设计合适的分销佣金

分销佣金即分销者将社群内的产品推荐给自己的朋友，朋友购买后，分销者能够获得多少分销奖励。

分销佣金一般有固定佣金和百分比佣金两种形式。

（1）固定佣金，即分销者获得的分销佣金与所连接的朋友的数量有关。无论朋友购买了多少产品，分销者只能获得固定金额的分销佣金。分销者如果想要获得更多的分销佣金，就需要连接更多的朋友。

（2）百分比佣金，即分销者获得的分销佣金与朋友的购买金额有关。社群运营者先设定一个销售额的百分比数值，分销者所能获得的分销佣金根据朋友的购买金额而定。朋友购买金额越大，其获得的分销佣金越高。

相对而言，固定佣金适用于扩大用户群，能激励分销者去连接更多的"下级朋友"；而百分比佣金可以激励分销者去获得更多的"分销订单"。

社群运营者可以根据自己的目标设置合理的分销佣金模式。

 ## 思考与练习

1. 如何实现社群的服务变现？
2. 如何实现社群的交易变现？
3. 社群人脉变现的方式有哪些？
4. 社群知识变现的类型有哪些？
5. 如何设计社群付费产品的分销体系？